Valentin Zsifkovits

Demokratie braucht Werte

ZEITDIAGNOSEN

Band 2

LIT

Valentin Zsifkovits

Demokratie braucht Werte

LIT

Die Deutsche Bibliothek – CIP-Einheitsaufnahme

Zsifkovits, Valentin
Demokratie braucht Werte / Valentin Zsifkovits . – Münster : Lit, 1998
  (ZEITDIAGNOSEN ; 2.)
  ISBN 3-8258-3710-6

NE: GT

© Lit VERLAG
  Dieckstr. 73   48145 Münster   Tel. 0251–23 50 91   Fax 0251–23 19 72

INHALT

VORWORT 7

I. GRUNDWERTE - FUNDAMENT EINER HUMANEN GESELLSCHAFT 9

1. Begriffliches 9
2. Aktualität der Grundwertefrage 12
3. Pluralismus und Grundwerte 15
4. Problematik und Gefährdung der Grundwerte 17
5. Grundwerte und Grundrechte 20
6. Zuständigkeit für Grundwerte und ihre Verwirklichung 21
7. Globalisierte Grundwerte 25

II. POLITISCHES ETHOS UND DEMOKRATIE 32

1. Begriffsklärungen 32
2. Demokratie lebt von Voraussetzungen 33
   2.1 Solidarischer Gemeinsinn 33
   2.2 Gerechtigkeitssinn mit entsprechender Gleichheit 35
   2.3 Verantworteter Freiheitssinn 37
   2.4 Im Gewissen fundierter Rechtsgehorsam 41
   2.5 Im Gewissen fundierter Rechtswiderstand 43
   2.6 Toleranz lebensnotwendig 45
3. Intermediäre Institutionen als Ethosformer 50
4. Schlussbemerkung 52

III. BEMERKUNGEN ZU EINER ETHIK DER DEMOKRATIE 54

1. Einleitung 54
2. Begriff 55
3. Wesensmerkmale von Demokratie 56
   3.1 Die Prinzipien der Freiheit und der Gleichheit ... 56
   3.2 Das Mehrheitsprinzip 57
   3.3 Prinzip des effektiven Minderheitenschutzes 58
   3.4 Das Prinzip der Repräsentation 59

3.5 Das Prinzip der Kontrolle 61
3.6 Das Prinzip des Vertrauens 62
4. GEFÄHRDUNGEN DER DEMOKRATIE 63
   4.1 Die Gemeinwohl- bzw. Egoismusfalle 63
   4.2 Die Gefahr der Schweigespirale 66
   4.3 Die soziale Falle „Der fehlende Held" 69
   4.4 Vergessen auf autokratische Elemente 70
   4.5 Formalistische Ausnützung der Demokratie zur Machterlangung 71
   4.6 Das kopienhafte Anwenden der Demokratie auf unterschiedliche Sozialfelder 72
   4.7 Die Frage der Grenzmoral 73
5. SCHLUSSBEMERKUNG 74

IV. CHRIST IN DER POLITIK: PROBLEME UND CHANCEN DER CHRISTLICHEN GESTALTUNG DER POLITIK 75

1. ORIENTIERUNGEN DER CHRISTLICHEN SOZIALLEHRE FÜR EINE MENSCHENGERECHTE POLITIK ALS EINE CHANCE DER CHRISTEN IN DER POLITIK 75
   1.1 Der Glaube an den christlichen Sinn der Geschichte als Orientierungshilfe in der Politik 76
   1.2 Der Glaube an den Menschen und seine Personwürde als Orientierungshilfe in der Politik 77
   1.3 Der Glaube an die Macht der Wahrheit, der Gerechtigkeit und der Liebe als Orientierungshilfe in der Politik 81
   1.4 Eine ideal ausgerichtete, aber mit realitätsgerechten Stufenimperativen versehene politische Ethik als Orientierung gegen Moralismus, Rigorismus und negative Utopiefixiertheit 82
2. ZEHN GEBOTE ZUR POSITIVEN AUFLÖSUNG DER SPANNUNG VON POLITIK UND MORAL 86
3. ERNEUERUNG DER POLITISCHEN KULTUR ALS WICHTIGE AUFGABE 93
4. SCHLUSSBEMERKUNG 98
LITERATURVERZEICHNIS 99
PERSONEN- UND SACHREGISTER 106

Vorwort

„Es gibt keine Ideale mehr, wir managen einfach Interessen." Dieser Ausspruch des ehemaligen italienischen Ministerpräsidenten Bettino Craxi, der in den Tangentopoli-Skandal verwickelt war, spiegelt sehr deutlich die Problematik einer Politik ohne Werte wider. Eine Politik, die sich nicht an Werten orientiert, wendet sich auch in der Demokratie letztlich gegen sich selbst und gegen die, denen Politik dienen soll, nämlich die Menschen.

Problematisch ist auch das beziehungslose Nebeneinander von Politik und Werten in Programmen und in der Praxis, ein Phänomen, das Günter Rohrmoser berührte, wenn er den Nihilismus als einen Antagonismus zwischen „der wertlosen Wirklichkeit einerseits und den wirklichkeitslosen Werten andererseits"[1] bezeichnet.

Das vorliegende Buch versucht, speziell im Blick auf die Demokratie und ihre Politik die Bedeutung der Werte zu untersuchen und hervorzuheben und dies in realistischer Weise.

Die vier Beiträge sind relativ selbständig konzipiert, werden aber durch die Klammer der Wertnotwendigkeit in der Demokratie und für die Demokratie zusammengehalten.

Graz, im Februar 1998   Valentin Zsifkovits

---

[1] Rohrmoser, Der Ernstfall 273

I. GRUNDWERTE - FUNDAMENT EINER HUMANEN GESELLSCHAFT

1. Begriffliches

Im Jahre 1972 schrieb Johannes Messner im Blick auf die *Wertrevolution*: „Im letzten Jahrzehnt hat die westliche Welt eine Revolutionierung der Moral erlebt, die zur Zeit, als *Max Scheler* in den zwanziger Jahren vom 'Umsturz der Werte' sprach, unvorstellbar war."[2] Diese Worte gelten für die seither vergangenen Jahre und Jahrzehnte in noch stärkerem Ausmaß.

Wer den Beitrag von J. Messner weiter- und zu Ende liest, für den wird klar, daß Messner diese Wertrevolution bedauert und in ihr eher etwas Negatives sieht. Allerdings stellt sich die Frage, ob solcher Wertewandel nur negativ zu beurteilen ist oder ob ihm nicht auch positive Seiten abzugewinnen sind. Um diese Frage und damit zusammenhängende Fragen befriedigend klären und beantworten zu können, muß zunächst dem Begriff und Phänomen der Werte samt den damit zusammenhängenden Phänomenen des Wertepluralismus nähere Aufmerksamkeit geschenkt werden.

Unter *Wert* in einem ganz allgemeinen Sinn des Wortes versteht man das, was angestrebt und geliebt wird, was anerkennungs- und bewunderungswürdig ist bzw. was im Hinblick auf ein bestimmtes Ziel nützlich ist und deshalb realisiert werden soll. Solche Wertschätzung drückt sich vor allem in Bevorzugungsmodi aus. Nach der oft zitierten Defi-

---

[2] Messner, Ethik 139

nition von Clyde Kluckhohn[3] ist ein Wert eine Auffassung von zu Wünschendem, die explizit oder implizit für ein Individuum oder für eine Gruppe kennzeichnend ist und welche die Auswahl der zugänglichen Weisen, Mittel und Ziele des Handelns beeinflußt. In diesem Sinn kann man dann unter einem Grundwert das für ein Individuum, für eine Gruppe oder für ein aus Individuen und Gruppen sich konstituierendes, umfassendes Sozialgebilde Wesentliche, besonders Bedeutende und Anzustrebende verstehen.

Werte im allgemeinen und Grundwerte im besonderen existieren also nicht an sich und unabhängig von der menschlichen Praxis in einem eigenen Wertehimmel, sondern sind *Resultat eines Schätzens.*[4] Damit stellt sich die Frage, was in einem gewissen zeitlichen Kontinuum von den Menschen Hochgehaltenes, in Rechtsdokumenten vor allem demokratischer Staaten und der Völkergemeinschaft Niedergelegtes als besonders Geschätztes gelten kann. Karl Lehmann meint, daß sich bei der besonders in Deutschland geführten Grundwertedebatte in dieser Hinsicht als Grundwerte ein Konglomerat von Prinzipien, Rechtssätzen, Institutionen und ethischen Haltungen herauskristallisiert hat, wobei sich in der Diskussion die *Menschenwürde* bzw. *Personwürde* „am ehesten noch als geheime Mitte, Voraussetzung und Mittel aller anderen Bestimmungen"[5] erwiesen hat.

In dieselbe Richtung geht die Aussage des II. Vatikanischen Konzils, wonach es eine fast einmütige Auffassung der Gläubigen und der Nichtgläubigen ist, „daß alles auf Erden auf den Menschen als seinen Mittel- und Höhepunkt hinzuordnen"[6] sei. Demnach ist die menschliche Person samt ihrer Würde der zentrale Grundwert, aus dem sich weitere

---

[3] Kluckhohn u.a., Values 395
[4] Vgl. dazu auch Pieper, Individualismus 6
[5] Lehmann, Grundwerte 1133
[6] Gaudium et Spes Nr. 12

Grundwerte ableiten lassen, und zwar entweder als wesentliche Elemente dieses Grundwertes oder als Voraussetzungen bzw. Instrumente zur Realisierung desselben. Näherhin sind dies: Freiheit, Gerechtigkeit, Liebe, Wahrheit, Redlichkeit, Treue, Toleranz, Solidarität, Subsidiarität, Gemeinwohl, Friede, Ehe, Familie, Staat, Religionsgemeinschaft u. dgl.
Die menschliche Person mit ihrer Würde sowie deren Voraussetzungs- und Folgewerte möchte ich *Grundwerte im engeren Sinn* des Wortes nennen. Solche Grundwerte standen im Mittelpunkt der Grundwertedebatte der 70er Jahre. Ich möchte aber in unserem Themenzusammenhang auf bedeutsame Werte aufmerksam machen, die dem oben definierten Wertbegriff entsprechen, aber erst in den letzten Jahrzehnten ins Blickfeld des Interesses getreten sind, und zwar die Grundwerte, die mit dem Eigenwert der außermenschlichen Schöpfung zusammenhängen und die ich als *Grundwerte im weiteren Sinn* des Wortes bezeichnen möchte.
Das II. Vatikanische Konzil hat formuliert, daß der Mensch „auf Erden die einzige von Gott um ihrer selbst willen gewollte Kreatur ist"[7]. Damit wollte das Konzil vor allem ausdrücken, welch *hohe Bedeutung* dem Menschen besonders wegen seiner Gottebenbildlichkeit zukommt. Daraus könnte aber auch eine unberechtigte Geringschätzung der übrigen Kreatur gefolgert werden. Um dem zuvorzukommen bzw. entgegenzuwirken, muß der *Eigenwert der gesamten Schöpfung* betont werden. In diesem Sinn formulierte der Sozialhirtenbrief der katholischen Bischöfe Österreichs aus dem Jahre 1990: „Zu allererst gilt es zu lernen, daß die Schöpfung und alles, was lebt, einen gottgewollten Eigenwert besitzt und nicht allein zum Nutzen des Menschen da ist."[8] In die gleiche Richtung zielt das Plädoyer von Annemarie Pieper, „die Natur nicht mehr als bloßes Aggregat an

---

[7] Gaudium et Spes Nr. 24
[8] Sozialhirtenbrief Nr. 52

sich wertloser Materie, sondern als Subjekt"[9] zu betrachten. Und A. Pieper weiter: „So verstanden gestehen wir auch der Natur, wenn wir sie als Subjekt anerkennen, Rechte zu: ein Recht auf Selbstsein, Würde, sogar Freiheit. Diese Rechte muß der Mensch als Anwalt der Natur stellvertretend für sie wahrnehmen..."[10] Wenn auch meiner Meinung nach von solchen Rechten im eigentlichen Sinn des Wortes nur in Bezug auf den Menschen gesprochen werden kann, so vermögen solche Formulierungen doch den nötigen und dringenden *Anspruch der Natur auf Schonung und Respektierung* auszudrücken.

Will man im Blick auf das Gesagte bei den Grundwerten eine Einteilung vornehmen, so kann man diese gliedern in personal-humane, in ökologische und in institutionelle Grundwerte.

2. Aktualität der Grundwertefrage

In einer so dynamischen Gesellschaft, wie sie die unsrige ist, stellt sich die Grundwertefrage mit einer gewissen Regelmäßigkeit, ja fast „Notwendigkeit". Als *„Ecken"*, aus denen der Ruf nach der Grundwertefrage in unserer Zeit ertönt, können folgende besonders hervorgehoben werden:

1. Nach dem „Zerbrechen der Wertetafeln" und dem „Umsturz aller Werte" stellt sich von Zeit zu Zeit mit einer gewissen Notwendigkeit die Frage, was denn die *tragenden Wertgrundlagen* von Staat und Gesellschaft sind.
2. Verschiedene *rechtspolitische Reformen* (Abtreibung; Ehe- und Familienrechtsreform; Pornographiegesetzgebung) werfen die Frage nach dem gesetzlich abzusichern-

---
[9] Pieper, Individualismus 7
[10] Ebenda 7

den ethischen Minimum auf. Damit ist aber eng verknüpft die Frage nach dem Unterschied und den Gemeinsamkeiten von Sittlichkeit und Recht bzw. die Frage nach jenem *Wertebündel umfassender Art*, in welchem allein auch das ethische Minimum auf Dauer seine Bezugssicherung erhält.
3. Eine *bloß pragmatische Politik* der Parteien und Regierungen in den Demokratien schafft ein Unbehagen, weil in solchem Pragmatismus Politik zu einem Ring- bzw. Boxkampf egoistischer Gruppeninteressen, zu einer Mischung aus Demoskopie, Technokratie sowie Demagogie und Demokratie zum politischen Selbstmordinstrument entarten können, wenn nämlich kurzfristige Interessen mittel- und langfristige Überlebensinteressen vereiteln. Wenn etwa in solchem Zusammenhang die Meinung vertreten wird, das Recht habe sich den geänderten Verhältnissen anzupassen, dann steigt mit Recht die Befürchtung auf, eine solche Anpassung könnte auch dort erfolgen, wo die geänderten Verhältnisse einen Unrechtszustand darstellen, dessen Legitimierung eine Gutheißung des Unrechts und eine Schädigung des Rechtsbewußtseins bedeuten würde. Aus solcher Sorge ist dann an die Bestimmung der Politik als fairen „Kampf um die rechte Ordnung"[11] zu erinnern, an die Bedeutung der Demokratie als die im Dienste der Gerechtigkeit funktionierende Form der „Herrschaft des Volkes durch das Volk für das Volk", sowie an die Verantwortung der Politik nicht nur dem Willen der Wähler, sondern auch der eigenen vernünftigen Einsicht und dem eigenen Gewissen gegenüber.
4. Der Versuch, *Erziehung und Unterricht* in der wertpluralen Gesellschaft als „wertneutrale" Wissensvermittlung zu betreiben, erweist sich als gefährliche Illusion und

---

[11] Zu dieser Politikbestimmung vgl. Gablentz, Kampf; Messner, Politik 25

führt zu erhöhter Wirkmöglichkeit ideologisch aufgeladener, fast „trunkener" *Manipulatoren*, die z.B. über den Weg der Schulbücher ihre Gesellschaftspolitik betreiben. Will Unterricht und Erziehung den Betroffenen gerecht werden, muß Übereinstimmung über den unbedingt zu respektierenden, allgemein verbindlichen Werterahmen bestehen.

5. Die *Wachstumskrise* und der *Wachstumsschock* haben erneut die Frage nach der Qualität des Lebens, nach der wahren Wohlfahrt, nach dem eigentlichen Glück der Menschen auftauchen lassen. In diesem Zusammenhang ist der Ruf nach einer stärkeren *Zuwendung zu den ideellen Werten* laut geworden.

6. Faßt man *Humanität* als jenes Wertebündel, in dem Grundlegendes über die gesamtschöpfungsbezogene Menschlichkeit und Prinzipielles an Verhaltensweisen und Strategien zur Verwirklichung solcher Menschlichkeit ausgedrückt ist, dann ist über das bisher Gesagte hinaus humane Zukunft durch folgende Krisenfaktoren besonders akut bedroht:

a) durch den drohenden *globalen Nuklearkrieg*, der angesichts der Overkillkapazitäten in den Waffenarsenalen der Welt als Gefahr immer noch ernst zu nehmen ist;

b) durch den *drohenden Hungertod* und das *Massenelend* des Weltproletariats;

c) durch den drohenden *ökologischen Tod* infolge Verseuchung der Biosphäre, Verschmutzung der Ozeane und der Flüsse, der radioaktiven Strahlenbelastung durch Atomabfallprodukte und Kernexplosionen sowie infolge der akustischen Irritation;

d) durch den *Terrorismus*, dessen Gefährlichkeit besonders deutlich wird, wenn man bedenkt, daß Terroristen in den Besitz von Atomwaffen gelangen und die Welt erpressen könnten, eine Gefahr, die durch die „friedliche" Nutzung der Atomenergie und durch die Auflösung des Sowjetblocks eher gestiegen ist.

Solche gravierenden Bedrohungen einer humanen Zukunft der Menschheit rufen nach einer Wertebesinnung und nach einer Festigung jener Werte, die um des gemeinsamen Überlebens willen allgemein zu akzeptieren und zu respektieren sind.

3. *Pluralismus und Grundwerte*

Einen sehr hohen, wenn nicht den höchsten Konstitutivwert der Person und ihrer Würde stellt die *Freiheit* dar. „Aber gerade die Freiheit", so Annemarie Pieper, „ist auch der Grund dafür, daß nichts so bleibt, wie es ist, daß alles sich ändert und auch die Werte sich wandeln."[12] Solcher Wertewandel kann negative Folgen bis zur Bedrohung der Gesellschaft und ihrer Menschen, ja der gesamten Schöpfung haben. Ein Wertewandel kann aber auch die Rettung vor solcher Bedrohung einleiten, wenn nämlich bis dahin verkannte und vernachlässigte, aber existenzsichernde und existenzfördernde Werte stärker ins Bewußtsein dringen und größere Aufmerksamkeit und Beachtung erfahren. Wo z. B. Machtbegehren, Profitstreben, Geltungssucht, Neid und Maßlosigkeit die Menschlichkeit bedrohen, können die verzichtorientierten Werte der Solidarität, der Chancengleichheit und der Fairness zur Rettung und zum Aufblühen der genannten Menschlichkeit führen. Dann sieht man im anderen Menschen nicht den zu bekämpfenden Feind, sondern „Überall dein anderes Ich"[13] bzw. den Bruder, die Schwester, den Freund oder die Freundin. Die nichtmenschlichen Lebewe-

---

[12] Pieper, Individualismus 7
[13] Messner, Du und der andere 114

sen werden in einem solchen positiven Wertewandel nicht als auszubeutende Objekte, sondern als mitgeschöpfliche Subjekte betrachtet.

Im Prozeß des Wertewandels zeigt sich auch stärker das Phänomen und auch das Problem des *Pluralismus*. Auch dieser Pluralismus hat seine negativen und seine positiven Seiten.[14] Auf der Negativseite stehen Orientierungslosigkeit, Überforderung des einzelnen, gedankenloses Dahinleben, Hedonismus, weltanschauliche bzw. religiöse Amalgammischerei u. dgl. Auf der Positivseite sind Vielfalt, Bereicherung, breite geistig-kulturelle Partizipation, Chance zu selbstbestimmter und selbstverantwortlicher Lebensführung u. dgl. zu verzeichnen. Auf alle Fälle ist es wichtig, die Gefahren des Pluralismus nüchtern zu sehen und seine Chancen zu nutzen. Dazu bedarf es vor allem einer immer neuen Verständigung der konkurrierenden gesellschaftlichen Kräfte auf ein *notwendiges Mindestmaß* an gemeinsamer Ordnung. Richtig schreibt Bernhard Sutor dazu: „Pluralistische Gesellschaft ist auf *Konsens* angewiesen, und zwar auf
- Regelkonsens für das Miteinander und für die Austragung von Konflikten,
- Ordnungskonsens für die Erhaltung und Gestaltung der notwendigen gemeinsamen Institutionen,
- Wertekonsens für die tragfähige Begründung der Regeln und der Institutionen und für die humane Kooperation in ihnen."[15]

---

[14] Vgl. dazu auch Sutor, Politische Ethik 160
[15] Ebenda 160f

4. Problematik und Gefährdung der Grundwerte

Mit dem Pluralismus ist eine Seite der Problematik der Grundwerte berührt. Eine weitere Problematik der Grundwerte liegt darin, daß Grundwerte vielfach *Uranliegen des Menschen* ausdrücken, welche begrifflich nicht so leicht zu fassen sind, weshalb solche Begriffe leicht zu Worthülsen und Leerformeln werden können, die mit verschiedenem, oft auch gegenteiligem Inhalt gefüllt werden, so daß zwei verschiedene Seiten nicht dasselbe meinen, wenn sie dasselbe sagen. Eine andere Problematik liegt in der unterschiedlichen *Lösung der Konkurrenzen* zwischen den einzelnen Grundwerten. Solche Unterschiedlichkeiten sind mitverursacht von der unterschiedlichen Auffassung über Beziehungs- und Bedingungsverhältnisse zwischen den einzelnen Grundwerten und vom unterschiedlichen Wertsystem, von welchem einzelne Grundwerte ihre konkrete Deutung und Rangordnung erhalten. Schließlich liegt die Problematik der Grundwerte in der *Diskrepanz bzw. Dissonanz zwischen Bekenntnis und Tat*.

Sollen Grundwerte als Wesenselemente der Humanität annähernd umfassend verwirklicht werden, gilt es einmal, die hier erwähnte Problematik zu erfassen. Es müssen, damit zusammenhängend, spezielle Gefährdungen bzw. Fallen der Grundwerte bewältigt werden, von denen einige im folgenden kurz Erwähnung finden sollen.

Grundwerte sind durch *egoistische Verkürzung* bedroht, wenn Grundwerte des einen oder einer Gruppe auf Kosten von Grundwerten eines anderen oder einer anderen Gruppe behauptet und verwirklicht werden; so etwa, wenn Solidarität mit den Arbeitnehmern in den Industrieländern zur Unsolidarität mit dem Proletariat in den Entwicklungsländern führt, weil z.B. die in den Industrieländern gewerkschaftlich

Organisierten nicht zu jenem Verzicht bereit sind, der zur Änderung der Lage des Dritte-Welt-Proletariats etwa auf dem Wege von Produktions-, Handels- und Lohn- bzw. Preisumschichtungen notwendig wäre. Ein anderes Beispiel egoistischer Grundwertverkürzung ist fast alltäglich: die Durchsetzung der Freiheit des einen auf Kosten der Freiheit eines anderen. Oder ein anderes Beispiel: die Strapazierung der Gerechtigkeit immer nur für sich.

Eine andere Gefährdungsmöglichkeit der Grundwerte ist ihre *temporär verkürzte* Interpretation. Dabei wird eine Strategie zur Verwirklichung der Grundwerte gewählt, welche kurzfristig größere Vorteile bringt, auf Dauer gesehen aber das Grundwertanliegen vereitelt. Begrifflich kann man gegen egoistische und temporäre Grundwertverkürzungen u.a. durch Klärung von Teilfragen vorbeugen; für die Solidarität z.B. durch den Fragenkomplex: Wer soll, mit wem, gegen wen, in welcher Zeit, für welches Ziel, mittels welcher Strategien, um welchen Preis, auf wessen Kosten solidarisch sein?

Eine weitere Gefährdung der Grundwerte liegt in der einseitigen *Über- oder Unterbetonung* einzelner Grundwerte. Dabei ergibt sich folgende Problematik:

1. Fällt der Grad der Realisierung eines Grundwertes *unter eine bestimmte Grenze*, dann ist auch die Realisierung anderer, damit zusammenhängender Grundwerte in Frage gestellt. Dies erklärt sich aus der kausalen Interdependenz der einzelnen Elemente eines Systems oder Sozialgefüges. Bildlich läßt sich dies so veranschaulichen: Ein System und ein Sozialgefüge sind einem Bauwerk vergleichbar, welches einstürzen kann, falls die Festigkeitsgrenze einzelner Elemente unterschritten wird. Auf die Grundwerte Gerechtigkeit und Freiheit bezogen heißt dies: Wenn die Gerechtigkeit grob verletzt wird, weil die Ungleichheiten auf dem „Wettbewerbsfeld" zu krass sind, dann ist es auch um die Realisierung der Freiheit und aller damit zusammenhängen-

den Folgewerte schlecht bestellt. Dies gilt für Dienstwerte quasi per definitionem: werden sie zu sehr geschwächt, ist auch die Realisierung der Bezugseigenwerte bedroht. Wenn z.B. die Gemeinschaftsautorität als institutionalisierter Dienstwert für Gemeinwohlverwirklichung in der Wertschätzung und damit in der Effizienz zu sehr geschwächt ist, dann ist dadurch das Gemeinwohl selbst schwer bedroht. Ist doch, wie Arthur-Fridolin Utz treffend bemerkt, das „Gemeinwohl ... die Norm der Autorität"[16].
2. Wird ein Grundwert in Richtung der *Tyrannei* dieses einen Grundwertes überzogen, dann sinkt ebenfalls die Realisierungschance für andere Grundwerte. Dies hat seinen Grund u.a. einmal darin, daß das „Werteenergiebudget" des einzelnen und der Gesellschaft nicht unbegrenzt ist, so daß bei einseitiger Konzentration auf einen Wert die anderen vernachlässigt werden. Die Gesetzmäßigkeit *magischer Wertevielecke* dürfte nicht nur für die Wirtschaftspolitik, sondern in etwa auch für die Realisierung eines Grundwertkonzeptes gelten. Die Absolutsetzung eines irdischen oder in irdische Operationalität gefaßten metaphysischen Wertes führt allzuleicht zur dogmatischen Rechtfertigung der Vernachlässigung anderer, vielleicht sogar höherer Werte. Hier liegt eine nicht geringe Gefahr von Utopien. Diese betrachten einen in irdische Kategorien gefaßten Grundwert als die eigentliche und oft einzige Quelle des Heils, was zur Verabsolutierung dieses Grundwertes und damit zur Rechtfertigung der Vernachlässigung anderer, für das Heil vielleicht noch bedeutenderer Grundwerte führt. Die Fixierung auf einen Wert führt zur Blindheit für andere Werte. Dabei wird völlig übersehen, daß dadurch erst recht die Realisierungsbasis für umfassende Wertverwirklichung zerstört wird.
Auf Gleichheit als Grundwert bezogen heißt dies: Wird Gleichheit überzogen, wird sie sozusagen radikal und total,

---

[16] Utz, Sozialethik 256

dann sind damit auch die Freiheit und andere bedeutende Grundwerte schwerstens gefährdet.

5. *Grundwerte und Grundrechte*[17]

Wie an das Recht allgemein die Forderung erhoben wird, daß es sittlich sei, so sollen die *Grundrechte* die durch Rechtsnormen ausdrückbare Seite der Grundwerte darstellen. Nicht alles, was für eine Gesellschaft wertvoll ist, auch nicht alles, was für eine Gesellschaft grundlegend wertvoll ist, läßt sich nämlich rechtlich ausdrücken und absichern. Weil aber Grundwerte per definitionem die für eine Gesellschaft anzustrebenden Ziele und Orientierungen ausdrücken, die Grundrechte wiederum die bedeutendsten prinzipiell erzwingbaren Orientierungsnormen zur Ordnung menschenwürdigen Zusammenlebens sind, sollen Grundrechte den in *Rechtsnormen formulierbaren Gehalt der Grundwerte* enthalten. Grundwerte sind mit anderen Worten der ethische Orientierungs-, Geltungs-, Begründungs- und Interpretationsrahmen für Grundrechte. Sollen Grundrechte ihre Greifbarkeit, Tragkraft und Durchsetzbarkeit erhalten und behalten, so müssen sie vom *kultivierten Grundwertebewußtsein* der Rechtsgenossen getragen sein. Andererseits wird ein Ernstnehmen oder ein Verachten der Grundrechte vonseiten der zur Durchsetzung der Grundrechte Berufenen auf die Grundwerte und das Grundwertebewußtsein der Rechtsgenossen positiv oder negativ wirken, nicht zuletzt auch deshalb, weil für breite Schichten der Gesellschaftsglieder das *rechtlich nicht Verbotene* auch *das faktisch Erlaubte* ist. Somit erscheint das Verhältnis zwischen Grundwerten und Grundrechten als ein wechselseitiges und sensibles, welches

---

[17] Vgl. dazu auch Lehmann, Grundwerte 1134f

je nach dem Entwicklungsstand einer Gesellschaft unterschiedlich akzentuiert ist.

6. *Zuständigkeit für Grundwerte und ihre Verwirklichung*

Die allgemein gestellte Frage, wer denn für die Grundwerte zuständig sei, läßt sich allgemein dahingehend beantworten, daß es *alle einzelnen* eines Sozialgebildes sind, welche für die Verwirklichung der Grundwerte des betreffenden Sozialgebildes *Zuständigkeit* besitzen. Konkreter läßt sich die Antwort auf die detaillierte Frage finden: Wer ist für welche Grundwerte, in welcher Weise, bis zu welchem Ausmaß, mittels welcher Strategie, in Koalition mit wem zuständig?
Da sich Gruppen und andere Sozialgebilde wesentlich aus den einzelnen konstituieren, da es also die einzelnen sind, welche Träger, Schöpfer und auch Ziel aller gesellschaftlichen Einrichtungen sein sollen (Mater et Magistra Nr. 219) und sehr oft auch sind, da alle gesellschaftlichen Einrichtungen zu ihrem Wirksamwerden wesentlich der einzelnen bedürfen, liegt die Zuständigkeit für die Findung und Verwirklichung der Grundwerte bei allen einzelnen. Der Mensch als sinnantwortsuchendes, als schöpferisches, als glaubendes, hoffendes und liebendes Wesen ist der wichtigste Akteur bei der Findung und Verwirklichung der Grundwerte. Unter den vielen einzelnen wird es dabei vor allem auf den Einsatz jener ankommen, welche sich ihrer Verantwortung um die Bedeutung der Grundwerte als konstitutiver Faktoren menschenwürdiger Individual- und Sozialexistenz besonders *bewußt sind*.
Da Menschen und menschliches Engagement durch Gruppen und Institutionen mediatisiert werden, da Menschen einfach *sozial existieren und agieren*, da sie von Gruppen und Institutionen geprägt, beeinflußt, orientiert, gefördert oder ge-

hemmt werden, fällt bei der Findung und Verwirklichung der Grundwerte diversen *gesellschaftlichen Gruppen und Institutionen* eine wichtige Rolle zu. Unter diesen sollen folgende besonders hervorgehoben werden: die Familie, die sinnvermittelnden Gruppen bzw. Institutionen, die Institutionen des Politischen mit dem Staat an der Spitze und schließlich die Massenmedien.

1. Die *Familie*, einem vielfachen Strapazierungs- und Verschleißprozeß ausgesetzt, besitzt immer noch die relativ beste Ausgangsposition, den menschlichen Nachwuchs im Klima wahrer Liebe in humane Grundwerte und Verhaltensmuster einzuführen und einzuüben. Hier kann und muß die gegenseitige *Erziehung* der Familienmitglieder zu den für eine menschenwürdige Gesellschaft unerläßlichen Grundwerten hin erfolgen. Die Familie ist ein besonders geeigneter Ort zur Entfaltung des an sich plastischen Aggressionspotentials auf konstruktiv-positive Ziele hin, sie ist der Ort der Einübung in *humane Konfliktlösungsmodelle*, sie ist *Schule echten Wertsinns* und richtiger *Wertrangordnung*, sie ist einfachhin *Tor zu einer Humanität*, die auf Transzendenz hin offenbleibt. Gerade bei der Lösung der damit aufgeworfenen Sinnfrage hat die Familie eine wichtige Aufgabe zu erfüllen.

2. Wegen des engen Konnexes zwischen Wert und Sinn und wegen des Faktums, daß menschliches Handeln entscheidend beeinflußt ist von der Antwort auf die Grundfrage nach dem Woher und Wozu des Menschen und der Welt überhaupt, kommt bei der Findung, Formulierung und Verwirklichung der Grundwerte den *sinnstiftenden und sinnvermittelnden Institutionen* mit den *Kirchen* an der Spitze eine besondere Bedeutung zu. Ihnen obliegt in besonderer Weise, die Grundwerte als Festigungsgrund für Grundrechte und für eine menschenwürdige Gesellschaft in jenen Bereichen zu verankern, die sich dem gesellschaftlichen und staatlichen Zugriff entziehen, mit Recht auch deshalb entziehen, weil

von diesen Bereichen wahrer Sittlichkeit auch die Kräfte zur Überwindung gesellschaftlichen und staatlichen Machtmißbrauchs zu mobilisieren sind. Es ist auch zweckmäßig, daß solche sinnstiftenden und sinnvermittelnden Institutionen auf nationaler, regional-übernationaler und globaler Ebene in der Nähe der politischen Institutionen „lobbyartige" Vertretungen unterhalten, um in solcher konstanter Präsenz dort wirkungsvoller die Wertinteressen der Humanität vertreten zu können.[18]

3. Sodann kommt auch den *Institutionen des Politischen*, vor allem den politischen *Parteien* und dem *Staat* als einzelnen und in der *Staatenkooperation*, eine Kompetenz in Grundwertefragen zu, und zwar für jene Dimensionen der Grundwerte, die dem Politischen zugänglich sind. Der Staat ist nicht einfach der „Notar" einer wertschaffenden Gesellschaft, er vermag in seinen Institutionen und Funktionären gar nicht grundwertfrei zu handeln, jede seiner Aktivitäten und auch Unterlassungen ist letztlich eine Stellungnahme zugunsten oder zuungunsten bestimmter Grundwerte. So ist auch der weltanschaulich pluralistische Staat nicht wertneutral, sondern *wertoffen* und *wertgebunden*: gebunden nämlich an jene Grundwerte, aus denen heraus des Staates Grundgesetz seine Existenzberechtigung, seine sinnvolle Deutung und Interpretation sowie seine Lebenskraft schöpft und erhält. Daß sich dabei der Staat mit seinen politischen Subinstitutionen vor Kompetenzüberschreitung in andere Dimensionen als die des Politischen hüten muß, ist freilich auch zu betonen. Ein Staat, der sich in Grundwertfragen Omnikompetenz anmaßen würde, der sich zum obersten Wächter der Sittlichkeit aufspielen würde, der damit auch seine egoistischen Machtinteressen mit einer sittlichen Ideologie überbauen und verbrämen würde, der so, wie es Eigenart der Sittlichkeit ist, den ganzen Menschen einfor-

---

[18] Vgl. dazu auch Furger, Grundwerte 115

dern würde, ein solcher Staat wäre ein gefährlicher, weil ein totalitärer.

4. Nicht zuletzt kommt den *Massenmedien* eine wichtige Bedeutung und Verantwortung in der Beachtung, Pflege und Verwirklichung der Grundwerte zu. Wenn etwa Bischof Kurt Koch[19] von Basel davon spricht, daß sich die Medien zur ersten Macht im Staat entwickelt hätten, so kann man zwar Bedenken dagegen anmelden, weil im Ernstfall in den Demokratien immer noch das Volk als der eigentliche Souverän zum Tragen kommen kann und auch kommt, diese Aussage drückt aber doch die in unserem Zeitalter stark gestiegene Bedeutung und damit Verantwortung der Massenmedien aus. Nun sind aber diese Massenmedien sehr in Gefahr, im Kampf um die Quoten in eine Lizitation der *Grenzmoral* zu verfallen und die Grundwerte zu mißachten und auszuhöhlen. Allzuleicht kann es dabei angesichts der Eindrucksmächtigkeit der Massenmedien mittels Bild und Ton auch zu einer Vernebelung der kritischen Vernunft der Konsumenten kommen, jener kritischen Vernunft, welche die entscheidendste Kontrollinstanz gegen Machtmißbrauch durch die Massenmedien darstellen kann und soll. Umso notwendiger sind in diesem Spiel der Kräfte am Markt *verantwortungsvolle Manager/innen und Redakteure/innen* an den Schalthebeln und anderen Einrichtungen der Massenmedien als den wichtigsten Artikulatoren der so bedeutungsvollen öffentlichen Meinung, bedeutungsvoll auch im Blick auf die Verteidigung, Respektierung und Pflege der Grundwerte einer humanen Gesellschaft. Es gilt nach wie vor, vielleicht sogar in erhöhtem Ausmaß, was Johannes Messner so formuliert hat: „So kommen wir zum Ergebnis, daß die *wohlinformierte, verantwortungsbewußte, wachsame und entscheidungsbe-*

---

[19] Vgl. dazu Kirche darf nicht 6

reite öffentliche Meinung in der freiheitlichen Demokratie eines der allerhöchsten Gemeinwohlgüter ist."[20]

7. Globalisierte Grundwerte

Die Massenmedien mit ihrer globalisierten Reichweite machen darauf aufmerksam, daß die mehr nationalstaatlich gedachten Grundwerte in ihrer Bedeutung für die *globale Ebene* und auf der globalen Ebene samt der Rückwirkung von der globalen auf die nationalstaatliche Ebene beachtet werden müssen. In einer kommunikationsmäßig und schicksalsmäßig immer mehr eins werdenden Welt hat eine Mißachtung der Grundwerte in einem Teil der Welt ihre Auswirkungen in anderen Teilen der Welt, ja auf der ganzen Welt zur Folge. Daher ist es wichtig, daß Einzelne, Gruppen und Institutionen auf der ganzen Welt Sorge tragen für eine möglichst übereinstimmende Formulierung und vor allem für eine entsprechende Konkretisierung und Verwirklichung der personalen, institutionellen und ökologischen Grundwerte. Drei Ansatzpunkte für eine Globalisierung der Grundwerte sollen im folgenden besonders herausgestrichen werden, und zwar die Menschenrechte, die Menschenpflichten und das Weltethos.

1. Wie hinter Grundrechten Grundwerte stehen, stellen *Menschenrechte* die rechtliche Seite von globalisierten Grundwerten dar. Weil nämlich Rechte nur Chancen auf Verwirklichung besitzen, wenn gewisse *Voraussetzungen* erfüllt sind, bedürfen auch die Menschenrechte der Erfüllung solcher Voraussetzungen. Zu solchen Voraussetzungen gehört u.a. die Verankerung der Menschenrechte als Werte im rechtlichen und sittlichen Bewußtsein möglichst vieler Menschen.

---

[20] Messner, Das Gemeinwohl, in: Klecatsky 328

Zu solcher Verankerung müssen auf globaler Ebene möglichst viele Einzelne, aber auch möglichst viele Institutionen, besonders die sinnstiftenden und die sinnvermittelnden, ihren möglichen und unvertretbaren Beitrag leisten. Daß zu den genannten Voraussetzungen auch die Errichtung und der Ausbau eigener *Institutionen der Durchsetzung* gehören, hebt die Notwendigkeit der Kultivierung der Grundwerte auf der Bewußtseinsebene nicht auf, sondern macht diese noch deutlicher, weil auch die Durchsetzungsinstitutionen zu ihrer Effizienz eines entsprechenden Bewußtseinsdrucks bedürfen. Bei der Bewußtseinsarbeit muß vieles geschehen, darunter auch die Vermeidung bzw. Überwindung der inflatorischen Entwertung der Menschenrechtsformulierungen sowie der egoistischen und ideologischen Uminterpretierung bzw. Instrumentalisierung der Menschenrechte.

Im Blick auf Menschenrechte und globalisierte Grundwerte darf auch die normative Kraft des Faktischen nicht übersehen werden. Die faktische Beachtung und Durchsetzung der Menschenrechte üben eine verstärkende Wirkung auf die Grundwerte auf der realen und der Bewußtseinsebene aus.

2. Dem hier verfolgten Anliegen der Kultur der Grundwerte im Dienste einer humanen Gesellschaft - auf lokaler und globaler Ebene - kann eine stärkere Beachtung und eine eigene Artikulation der mit den Menschenrechten korrespondierenden *Menschenpflichten* dienen. Nun enthält die allgemeine Erklärung der Menschenrechte aus dem Jahre 1948 die Formulierung: „Jeder Mensch hat Pflichten gegenüber der Gemeinschaft, in der allein die freie und volle Entwicklung seiner Persönlichkeit möglich ist."[21] Die Enzyklika Pacem in Terris Papst Johannes XXIII. spricht in den Nummern 28-30 in Anschluß an die Menschenrechte etwas mehr von den Menschenpflichten, aber ein richtiger Menschenpflichtenkatalog fehlt auch hier. Dabei ist klar, daß Men-

---

[21] Art. 29, Abs. 1 der Allgemeinen Erklärung der Menschenrechte

schenrechte und Menschenpflichten eine unauflösliche Beziehung bilden, was die Nr. 28 von Pacem in Terris so ausdrückt: „Die bisher von Uns erwähnten Rechte, die aus der Natur hervorgehen, sind in dem Menschen, dem sie zustehen, mit ebenso vielen Pflichten verbunden." Die „Afrikanische Charta der Menschenrechte und Rechte der Völker" (Banjul-Charta) enthält neben den individuellen Menschenrechten ausführlich eine Formulierung von Pflichten des Individuums gegenüber Familie, Gesellschaft und Staat.[22] Aber auf globaler Ebene fehlt Entsprechendes. Es sind - zumindest in unseren Breitegraden - derzeit die Pflichten zu sehr aus dem allgemeinen und dem individuellen Bewußtsein geschwunden. Hat man in früheren Zeiten zu viel von Pflichten und zu wenig von Rechten gesprochen und hat besonders seit der Nazidiktatur das Wort Pflichterfüllung einen negativen Beigeschmack erhalten, so droht derzeit die Gefahr von der Kehrseite und damit verbunden ein Überhandnehmen des *Anspruchsdenkens* und ein gewisser *Bewußtseinsschwund hinsichtlich* der *gemeinschaftsnotwendigen Pflichten*. Diesem Pflichtenerosionsprozeß muß auf lokaler und globaler Ebene entgegengewirkt werden.
Einen begrüßenswerten Versuch in diese Richtung stellt die „*Allgemeine Erklärung der Menschenpflichten*"[23] dar, die vom „Inter Action Council" den Vereinten Nationen und der Weltöffentlichkeit zur Diskussion vorgelegt wurde. Der Inter Action Council stellt einen weltweiten Zusammenschluß ehemaliger Staatsmänner dar. In der Präambel dieser Erklärung heißt es in Analogie zur Präambel der Allgemeinen Erklärung der Menschenrechte aus dem Jahre 1948:
- „Da die Anerkennung der allen Mitgliedern der menschlichen Familie innewohnenden Würde und der gleichen und unveräußerlichen Rechte die Grundlage für Freiheit,

---

[22] Vgl. Hamm, Menschenrechte 154
[23] Siehe Allgemeine Erklärung 18

Gerechtigkeit und Frieden in der Welt ist und Pflichten oder Verantwortlichkeiten (responsibilities) einschließt,
- da das exklusive Bestehen auf Rechten Konflikt, Spaltung und endlosen Streit zur Folge haben und die Vernachlässigung der Menschenpflichten zu Gesetzlosigkeit und Chaos führen kann,
- da die Herrschaft des Rechts und die Förderung der Menschenrechte abhängen von der Bereitschaft von Männern wie Frauen, gerecht zu handeln,
- da globale Probleme globale Lösungen verlangen, was nur erreicht werden kann durch von allen Kulturen und Gesellschaften beachtete Ideen, Werte und Normen,
- da alle Menschen nach bestem Wissen und Vermögen eine Verantwortung haben, sowohl vor Ort als auch global eine bessere Gesellschaftsordnung zu fördern - ein Ziel, das mit Gesetzen, Vorschriften und Konventionen allein nicht erreicht werden kann, da menschliche Bestrebungen für Fortschritt und Verbesserung nur verwirklicht werden können durch übereinstimmende Werte und Maßstäbe, die jederzeit für alle Menschen und Institutionen gelten,

deshalb verkündet
die Generalversammlung der Vereinten Nationen
diese Allgemeine Erklärung der Menschenpflichten."[24]

In den Artikeln 1-4 folgen Formulierungen von Pflichten bezüglich fundamentaler Prinzipien für Humanität, in den Artikeln 5-6 bezüglich Gewaltlosigkeit und Achtung vor dem Leben, in den Artikeln 8-11 bezüglich Gerechtigkeit und Solidarität, in den Artikeln 12-15 bezüglich Wahrhaftigkeit und Toleranz, in den Artikeln 16-18 bezüglich gegenseitiger Achtung und Partnerschaft. In Art. 19 heißt es wiederum in Analogie zur Schlußbemerkung der Allgemeinen Erklärung der Menschenrechte: „Keine Bestimmung dieser Erklärung

---

[24] Ebenda 18

darf so ausgelegt werden, daß sich daraus für den Staat, eine Gruppe oder eine Person irgendein Recht ergibt, eine Tätigkeit auszuüben oder eine Handlung vorzunehmen, welche auf die Vernichtung der in dieser Erklärung und der Allgemeinen Erklärung der Menschenrechte von 1948 angeführten Pflichten, Rechte und Freiheiten abzielen".[25]
Helmut Schmidt, Ehrenvorsitzender des Inter Action Council, schrieb in derselben Ausgabe der Wochenzeitung „Die Zeit", in der sich diese „Allgemeine Erklärung der Menschenpflichten" findet, einen Beitrag zu diesem Anliegen unter dem Titel „Zeit, von den Pflichten zu sprechen!"[26] Er führt darin u. a. aus: daß ohne Verantwortungsbewußtsein der Einzelnen Freiheit zur Vorherrschaft der Starken und Mächtigen verkommen könne; daß der Friede zwischen den Menschen zerbrechen könne, wenn sie nicht lernen sollten, die beiden kategorischen Imperative der Freiheit und der Verantwortlichkeit miteinander im Gleichgewicht zu halten; daß sich eine weitgehend permissive Erziehung allzu einseitig an den Grundrechten orientiere und dabei von Grundpflichten kaum die Rede sei; daß aber Erziehung zum Bewußtsein ethischer Pflichten und zu persönlicher Verantwortung unserer Gesellschaft not tue; und daß der, der den drohenden Zusammenstoß der Kulturen vermeiden will, dazu keineswegs allein wirtschaftliches und militärisches Potential brauche, sondern „eine Moral, die auch von allen anderen anerkannt werden kann."[27]
Schmidt schreibt auch, daß die vorgelegte Verantwortlichkeitserklärung zwar keine völkerrechtliche Verbindlichkeit, sondern nur den Charakter eines *ethischen Appells* haben würde, daß aber analog zur Menschenrechtserklärung spätere

---

[25] Ebenda 18
[26] Schmidt, Zeit 18
[27] Ebenda 18

rechtliche oder politische Auswirkungen der Verantwortlichkeitserklärung zu erhoffen wären.

Eine von der Generalversammlung der Vereinten Nationen verkündete Erklärung entsprechender konkreter Menschenpflichten könnte vor allem der Kultur des Bewußtseins von den notwendigen Grundpflichten und damit auch Grundwerten einen wichtigen Dienst leisten. Weltweit könnte man in der Erziehung immer wieder auf dieses Dokument zurückgreifen und so zu einer positiven Globalisierung von lebens- und überlebensnotwendigen Grundwerten einen wichtigen Beitrag leisten.

Dies wäre auch deshalb sehr wichtig, weil eine harmonische Globalisierung von Grundwerten keine Selbstverständlichkeit ist, sondern einer entsprechenden Kultur des Dialogs und der *Reflexion* bedarf. Die politische und wirtschaftliche Globalisierung bedeutet noch nicht eine Annäherung in den Werten und Normen.[28]

3. Zu einer solchen Arbeit sind besonders die global ausgerichteten sinnstiftenden und sinnvermittelnden Institutionen wie die Weltreligionen und die diversen Weltanschauungsgruppen aufgerufen. Das „Projekt Weltethos"[29], von Hans Küng initiiert und vom Parlament der Weltreligionen aufgegriffen, weist in diese Richtung. Anläßlich der Hundertjahrfeier des „Weltparlaments der Religionen" in Chicago wurde im Jahre 1993 von Vertretern der Weltreligionen und anderer Glaubensgemeinschaften eine „Erklärung zum Weltethos" verabschiedet. Darin wurden, basierend auf der Grundforderung „Jeder Mensch muß menschlich behandelt

---

[28] Vgl. dazu Huntington, Kampf der Kulturen; Tibi, Krieg der Zivilisationen, Müller, Eine Revolte gegen den Westen IX

[29] Vgl. dazu: Küng, Projekt Weltethos; Küng /Kuschel (Hrsg.), Erklärung zum Weltethos ; Küng (Hrsg.), Ja zum Weltethos, München 1995; Küng, Weltethos

werden", u.a. folgende vier „unverrückbare Weisungen" formuliert[30]:
1. Verpflichtung auf eine Kultur der Gewaltlosigkeit und der Ehrfurcht vor allem Leben;
2. Verpflichtung auf eine Kultur der Solidarität und eine gerechte Wirtschaftsordnung;
3. Verpflichtung auf eine Kultur der Toleranz und ein Leben in Wahrhaftigkeit; und
4. Verpflichtung auf eine Kultur der Gleichberechtigung und der Partnerschaft von Mann und Frau.

Es ist zu hoffen, daß das Anliegen des Weltethos breit diskutiert, verfeinert und konkretisiert wird und daß es vor allem global gesehen auf möglichst breiter Basis mitgetragen und gelebt wird.

---

[30] Vgl. Küng/Kuschel (Hrsg.), Erklärung zum Weltethos 25-40

II. POLITISCHES ETHOS UND DEMOKRATIE[31]

1. Begriffsklärungen

Ethos bezeichnet „die konkrete Gestalt sittlichen Lebens", und zwar „objektiv den Inbegriff sittlicher Normen und normativer Gehalte, die in einer gegebenen Gesellschaft als gültig anerkannt sind, auch mit Bezug auf bestimmte soziale Rollen"; subjektiv meint Ethos „die entsprechende Einstellung und Gesinnung, den sittlichen Charakter des einzelnen".[32] Mit *politischem Ethos* sind dann so gesehen die in einer Gesellschaft gültigen sittlichen Normen den Lebensbereich der Politik betreffend unter Beachtung der entsprechenden Gesinnung gemeint.

Im Blick auf das gestellte Thema ist nun vor allem zu untersuchen, welche politischen und politikrelevanten sittlichen Normen in einer Demokratie gültig sein müssen bzw. sollen, damit man von einer gelungenen Demokratie sprechen kann, wobei hier in erster Linie die *Demokratie als Staatsform* gemeint ist. Zum Unterschied von verschiedenen Schein- und Fehlformen der Demokratie soll darunter näherhin die *freiheitlich-soziale, rechtsstaatliche Demokratie* verstanden werden. Das Attribut *freiheitlich* soll zum Ausdruck bringen, daß die Freiheit des Individuums und der dem Individuum nahen Gruppengemeinschaften in dieser Staatsform einen hohen Rang einnimmt; das Attribut *sozial* wiederum soll

---

[31] Dieser Beitrag erscheint in gering veränderter Fassung auch in: Gabriel, I./Steurer, J. (Hrsg.), Demokratie als Herausforderung. FS für R. Weiler, Wien 1998, 37-55
[32] Kluxen, Ethos 939

ausdrücken, daß die „Beteiligung aller Bürgerinnen und Bürger nicht nur formal durch den Rechtsstaat, sondern auch materiell durch den Sozialstaat gesichert werden muß", wie es das Wort des Rates der Evangelischen Kirche in Deutschland und der Deutschen Bischofskonferenz zur wirtschaftlichen und sozialen Lage in Deutschland mit dem Titel „Für eine Zukunft in Solidarität und Gerechtigkeit" formuliert[33]; das Attribut *rechtsstaatlich* will die verpflichtende Bindung der Demokratie an Recht und Gerechtigkeit zum Ausdruck bringen.

2. Demokratie lebt von Voraussetzungen

Jede echte Demokratie lebt von Voraussetzungen, die sie selbst, wenn überhaupt, nur beschränkt zu garantieren vermag[34], die im Wesentlichen von den Bürgerinnen und Bürgern geschaffen, gesichert, gefördert und gelebt werden müssen. Der Kern solcher Voraussetzungen kann als *demokratiegerechtes politisches Ethos* bezeichnet werden. Wichtigen Elementen eines solchen politischen Ethos soll im folgenden näher nachgegangen werden, wobei hinter einem solchen Ethos entsprechende Werte und Tugenden stehen.

2.1 Solidarischer Gemeinsinn

Was für jedes Gemeinwesen, das menschenwürdig und im Sinne des Wohles aller gestaltet sein will, gilt, das gilt auch

---

[33] Für eine Zukunft, Nr. 137
[34] Vgl. dazu die bekannte Formulierung von Böckenförde, Staat 60: „Der freiheitliche säkularisierte Staat lebt von Voraussetzungen, die er selbst nicht garantieren kann".

für die Demokratie als Staatsform: daß nämlich die Glieder eines solchen Gemeinwesens *gemeinwohlorientiert*, also von einem entsprechenden Gemeinsinn geprägt sein müssen. Daß dies zu betonen sehr wichtig ist, begreift man, wenn man sich darauf besinnt, was Politik ist, und wenn man dabei die Rolle des Eigeninteresses bedenkt. Politik kann man definieren als interessengeleiteten Kampf um die rechte Ordnung mit Mitteln der Macht, was auch immer man unter der rechten Ordnung versteht. Dabei ist es aber nicht das *Gemeinwohlinteresse*, das die Menschen auch in der Politik primär treibt und bewegt, sondern das *Eigeninteresse* individueller und gruppenspezifischer Art. Dieses Eigeninteresse kann nun gemeinwohlverträglich, aber auch gemeinwohlschädlich, also egoistisch sein. Da nun egoistisches Eigeninteresse berechtigte Eigeninteressen anderer und vor allem auch das Gemeinwohlinteresse als Voraussetzung für das Gelingen aller berechtigten Eigeninteressen gefährdet bzw. schädigt, müssen die Menschen auch in der Demokratie auf der Hut sein vor einer Gefährdung des Gemeinwohls speziell von den egoistischen, Druck ausübenden Eigeninteressen her. Dabei darf man nicht den Fehler begehen, das Eigeninteresse generell zu diskriminieren. Eine solche dynamische, mit der Natur des Menschen gegebene Urkraft wie das Eigeninteresse ist prinzipiell ernst zu nehmen, allerdings stets von neuem zu *kultivieren*.
Ein solches Ernstnehmen kann sich auch darin äußern, daß man das Gemeinwohl nicht abstrakt, sondern von den Eigeninteressen aller her definiert, indem man etwa formuliert: Das *Gemeinwohl* ist das an der Bestimmung der Menschennatur sich orientierende größtmögliche Glück aller einzelnen in Gegenwart und Zukunft mit vorrangiger Beachtung vitaler Lebensbedürfnisse für alle sowie mit besonderer Berücksichtigung der Realisierungsbedingungen beider Anliegen.
Ein solches Ernstnehmen und Kultivieren des Eigeninteresses kann sich auch darin zeigen, daß man die Gefährlichkeit

der sogenannten *Gemeinwohlfalle* entlarvt, der Gemeinwohlfalle, die darin besteht, daß das Verfolgen egoistischer Eigeninteressen nicht nur zur Verhinderung berechtigter Interessen anderer führt, sondern auch zur Vereitelung der berechtigten eigenen Interessen, weil nämlich im Wettkampf egoistischer Eigeninteressen das Gemeinwohl als Existenzbasis für Eigeninteressen geschädigt bzw. zerstört wird. Der Kultivierung von Eigeninteressen können auf emotionaler Ebene auch *gemeinsame Feiern* und andere Veranstaltungen dienen, bei denen die Attraktivität von Solidarität bzw. Geschwisterlichkeit zum Ausdruck kommt.

2.2 Gerechtigkeitssinn mit entsprechender Gleichheit

Gemeinwohl kann man in einer Kurzformel mit Johannes Messner auch umschreiben als „die allseitige Verwirklichung der Gerechtigkeit."[35] Damit ist die Brücke geschlagen zu einem weiteren, besonders auch für die Demokratie wichtigen Element des politischen Ethos, nämlich zum *Gerechtigkeitssinn*. Dabei ist gleich zu betonen, daß Gerechtigkeit nicht irgendeine Voraussetzung für die Demokratie als eine menschengerechte Staatsform darstellt, sondern eine *fundamentale*. Erinnert sei diesbezüglich an zwei Aussagen: Einmal an die Aussage von Augustinus in seinem „Gottesstaat", daß ohne Gerechtigkeit die Staaten nur große Räuberbanden seien. Wörtlich heißt es bei Augustinus: „Was sind überhaupt Reiche, wenn die Gerechtigkeit fehlt, anderes als große Räuberbanden? Sind doch auch Räuberbanden nichts anderes als kleine Reiche."[36] Erinnert sei auch an die Inschrift am Eingangstor zum Heldenplatz in Wien, wo es

---

[35] Messner, Das Gemeinwohl 92; vgl. auch 257
[36] Augustinus, Gottesstaat IV, 4, zit. nach: Bardenhewer/Schermann/Weyman (Hrsg.), Bibliothek der Kirchenväter 191

heißt: „Iustitia fundamentum regnorum", was man frei übersetzt wiedergeben kann mit den Worten: Die Gerechtigkeit ist das Fundament von Staaten.

Da nun Gerechtigkeit nicht vom Himmel fällt, sondern in den Köpfen und Herzen von Menschen wächst, ist es für eine gelungene Demokratie von eminenter Bedeutung, daß die *Tugend der Gerechtigkeit* von möglichst vielen Bürgerinnen und Bürgern verinnerlicht und praktiziert wird, vornehmlich von den für den Staat Verantwortlichen, aber auch von möglichst vielen Wählerinnen und Wählern, und dies auch deshalb, weil die Politiker in der Demokratie von den genannten Bürgerinnen und Bürgern abhängig sind. Dabei kann man Gerechtigkeit im Sinne von Thomas von Aquin mit Alexander Hollerbach beschreiben als die „beständige, vom Willen mitgetragene und zugleich vernunftbestimmte Haltung, jedem das Seine, im besonderen: sein Recht, zu geben."[37]

Wegen der allen Menschen eigenen gleichen Würde bedeutet dies eine gewisse *Gleichheit*, Gleichheit vor allem hinsichtlich der Grund- bzw. Menschenrechte. Dies impliziert auch Abbau von ungerechtfertigten Privilegien und Ausbau von Chancengleichheit. Solche Chancengleichheit ist einmal deshalb wichtig, weil durch sie die in einem Volk vorhandenen Talente bzw. Energien zum Wohle aller optimal mobilisiert werden können. Die Betonung des gleichen Zugangs zu den Menschen- bzw. Grundrechten ist wiederum auch deshalb besonders wichtig, weil in der Demokratie nicht zuletzt wegen des *Mehrheitsprinzips* immer wieder eine Benachteiligung von Schwachen, Unorganisierten, nicht am politischen Markt Präsenten droht, wie dies z.B. die Gefährdung der lebenden Ungeborenen zeigt oder auch das Phänomen der Zweidrittel- bzw. Vierfünftel-Gesellschaft. Somit wird

---

[37] Hollerbach, Gerechtigkeit II, 899 nimmt Bezug auf Thomas von Aquin, STh II-II 58,1

ein *effektiver Minderheitenschutz* zu einem Prüfstein echter Demokratie.
Gleichheit als Konkretisierung von Gerechtigkeit, Gleichwertigkeit und Gleichwürdigkeit darf selbstverständlich nicht zu einer *Gleichmacherei* um jeden Preis und auf Kosten anderer wichtiger Werte, wie etwa der Freiheit, entarten. Totale Gleichheit würde ja das Verbot von Freiheit bedeuten, also eines wesentlichen Konstitutivums der menschlichen Person und ihrer Würde.

2.3 Verantworteter Freiheitssinn

Im Ringen um die Demokratie spielte die Kampfformel von der „Freiheit, Gleichheit und Brüderlichkeit" eine nicht geringe Rolle. Überhaupt sind alle Freiheitskämpfe der Geschichte, von den Sklavenaufständen der Antike bis zu den Separationsbestrebungen unserer Zeit, ein Zeugnis dafür, daß der Freiheitstrieb von Einzelnen und Gruppen zu den stärksten Kräften von Einzelnen und Gruppen zählt. Mit Recht wird die *Freiheit* als der größte humane Wert des Menschen und seiner Personwürde betrachtet. Davon zeugt etwa Immanuel Kant, wenn er formuliert: „*Freiheit* (Unabhängigkeit von eines Anderen nöthigender Willkür), sofern sie mit jedes Anderen Freiheit nach einem allgemeinen Gesetz zusammen bestehen kann, ist dieses einzige, ursprüngliche, jedem Menschen kraft seiner Menschlichkeit zustehende Recht."[38] Davon zeugt auch die Rede von den *Menschenrechten als Freiheitsrechten*. Allerdings ist bei der Freiheit als so starkem geistigem Trieb und so hohem Wert auf die Vereinbarkeit der Freiheit des einen mit den *berechtigten Freiheitsinteressen aller anderen*, also auf den glei-

---

[38] Kant, Die Metaphysik der Sitten 237

chen Freiheitssinn für alle, zu achten, worauf ja auch das Kant-Zitat aufmerksam macht. Gerade das will die Demokratie mit ihrer Rechtsordnung sichern. Man sieht aber sofort, daß dies nur gelingen kann, wenn die Menschen als Einzelne und Gruppen ein diesbezügliches politisches Ethos entwickeln und kultivieren. Näherhin wird es bei der Kultivierung eines solchen demokratischen Freiheitsethos auf folgendes ankommen, nämlich

1. daß die Menschen begreifen, daß menschliche Freiheit nicht einfachhin eine *Freiheit von*, sondern wesentlich eine *Freiheit zu* bedeutet, vor allem eine Freiheit in Richtung auf die Entfaltung weiterer humaner Werte;
2. daß Freiheit nicht mit Willkür zu verwechseln ist, sondern Freiheit Bindung an *humane Werte bedeutet*;
3. daß im Sinne der *Goldenen Regel* dem anderen die Freiheit zu gewähren ist, die man für sich selbst berechtigterweise beansprucht bzw. fordert;
4. daß das *Paradox der Freiheit* im Sinne von Karl Popper, das darin besteht, daß die Freiheit „im Sinne der Abwesenheit aller einschränkenden Kontrollen zu sehr großer Einschränkung führen muß, da sie es dem Gangster ermöglicht, die Friedfertigen zu versklaven"[39], befriedigend gelöst wird und
5. daß das Bewußtsein dafür wach bleibt, daß Freiheit *Verantwortung* bedeutet. Verantwortung kann man dabei mit Günter Kirchhoff als die „reife sittliche Entscheidung, Bereitschaft und Befähigung" verstehen, „für sein Wollen und Handeln vor anspruchsberechtigten Instanzen personal Rechenschaft abzulegen und für Folgen und Schuld einzustehen."[40] Allerdings ist das Problem der *Zurechenbarkeit* bei der politischen Verantwortung gar nicht so leicht zu lösen.

---

[39] Popper, Die offene Gesellschaft 359
[40] Kirchhoff, Verantwortung 466

Mit Alois Baumgartner kann man fragen: „Wem .. sind .. politische Entscheidungen zurechenbar? Wer verantwortet die in Institutionen strukturell gewordene Ungerechtigkeit? Wer politische Einstellungen und Denkmuster?"[41] Die Wege der Kollektivverantwortung und der Sündenbockverantwortung bieten keine befriedigenden Lösungen und sind, gelinde gesagt, höchst problematisch. Die ethisch angemessene Möglichkeit, das Problem politischer Verantwortung adäquat zu verstehen und zu bewältigen, besteht nach Baumgartner darin, „daß man neben aller individuell-personalen Verantwortung eine Mitverantwortung aller anerkennt."[42] Baumgartner fügt hinzu: „Jeder einzelne hat als Mitglied der politischen Gemeinschaft nicht nur Anteil an dem, was an politischer Kultur errungen wurde, er partizipiert auch an den mißlungenen Teilen der politischen Strukturwelt."[43] Damit nun die *Mitverantwortung* aller nicht als *Kollektivverantwortung* mißverstanden wird oder mißverstanden wird in dem Sinn, daß alle gleicherweise mitverantwortlich sind, sei festgehalten, daß man von Mitverantwortung sinnvollerweise als prinzipieller Möglichkeit in Bezug auf alle reden soll, daß also niemand von vornherein von der Frage auszuschließen sei, ob nicht auch er Mitverantwortung trägt, wobei der Grad einer etwaigen Mitverantwortung je nach dem Grad der Freiheit und der Einflußmöglichkeit ein *unterschiedlicher* sein wird. Auf alle Fälle ist der von Baumgartner zitierte eindrucksvolle und leidenschaftliche Aufruf Paul VI. in Octogesima Adveniens ernst zu nehmen, wo es heißt: „So möge ein jeder sich erforschen und sich Rechenschaft darüber geben, was er bis jetzt getan hat und was er von Rechts wegen tun sollte. Es genügt nicht, allgemeine Grundsätze dem Gedächtnis der Menschen einzuhämmern,

---

[41] Baumgartner, Das Subjekt der Demokratie 105
[42] Ebenda 107
[43] Ebenda 107

gute Vorsätze zu beteuern, schreiende Ungerechtigkeiten anzuprangern, mit prophetischem Freimut Strafgerichte anzukündigen; alles das bedeutet nichts, wenn damit nicht verbunden ist das Ernstnehmen der eigenen Verantwortung und ein entsprechend entschlossenes Handeln. Zweifellos ist es bequemer, anderen die Schuld an den bestehenden, ungerechten Lebensverhältnissen zuzuschieben, als sich der Einsicht zu erschließen, daß man auch selbst nicht frei von Schuld ist und daß jeder mit der Besserung bei sich selbst anfangen muß."[44]

Gerade im Blick auf das demokratische Ethos müssen zum Stichwort Verantwortung noch einige Bemerkungen gemacht werden:

1. Verantwortung heißt, daß man sich das Gesollte, also die *Pflicht*, zum *persönlichen Anliegen* macht. Demokratie kann nicht gelingen, wenn die Rechtsordnung nur oder hauptsächlich mit Zwang durchgesetzt werden muß, wenn nicht der Großteil der Rechtsordnung von den Rechtsgenossen aus Überzeugung mitgetragen und praktiziert wird. Denn ein System, bei dem man hinter jeden Polizisten einen Polizisten stellen muß, ist zum Scheitern verurteilt.

2. Verantwortung in der Demokratie heißt ferner, daß der Einzelne und die untergeordneten Gruppen als *Subjekte* und Gestalten des staatlichen und gesellschaftlichen Zusammenlebens im Sinn des Personprinzips und vor allem des Subsidiaritätsprinzips *ernst genommen und daß sie nicht bevormundet oder gar entmündigt* werden. Freiheit und Verantwortung erweisen sich so gesehen als der Würde des Menschen gemäße Parameter gesellschaftlichen Lebens, welche schöpferische Energien für das Gemeinwohl mobilisieren, aber auch eine gewisse Bürde bedeuten können.

3. Verantwortung erfordert sodann auch die Bereitschaft, *für seine Fehler einzustehen*, sich zu seiner Schuld zu bekennen

---

[44] Octogesima Adveniens Nr. 48

und Sanktionen auf sich zu nehmen. Hierin mangelt es aber vielfach auch auf den Lebensbereich der politischen Demokratie betreffend. Für die politische Kultur in der Demokratie ist es in dieser Hinsicht von Bedeutung, daß politische Verantwortung nicht nur als *Rechenschaftspflicht* politischen Instanzen gegenüber, sondern dem wohlgebildeten Gewissen und Gott gegenüber verstanden und wahrgenommen wird.

2.4 Im Gewissen fundierter Rechtsgehorsam

„Gehorsam ist anstößig, für manche sogar gefährlich geworden; Gehorsam scheint der Emanzipation im Wege zu sein; ein beklagenswertes und bekämpfenswertes Relikt für Rückständige."[45] So beschreibt Willi Geiger die derzeitige Stimmungslage, die in unseren Breitegraden bezüglich des Gehorsams im allgemeinen und des Rechtsgehorsams im besonderen herrscht.

Gerade angesichts der Tatsache, daß Diktaturen auf verschiedensten Lebensbereichen vom *blinden Gehorsam* ihrer Untertanen profitieren, wird man zunächst festhalten müssen, daß eine begründete Skepsis gegenüber dem Gehorsam im allgemeinen und dem Rechtsgehorsam im besonderen für das Wohl eines Gemeinwesens und ihrer Personen notwendig ist. Freilich darf diese Skepsis nicht dazu führen, daß sozusagen der *blinde Ungehorsam* „gepredigt" wird und die nötige „Predigt" des begründeten, verantworteten und verpflichtenden Gehorsams unterbleibt. Denn eines ist klar: daß ein Gemeinwesen sein Wohl und damit das Wohl seiner Mitglieder nicht verwirklichen bzw. erreichen kann, wenn die Rechtspersonen den an der Gerechtigkeit sich orientierenden Gesetzen dieses Gemeinwesens nicht den nötigen

---

[45] Geiger, Rechtsgehorsam 49

Rechtsgehorsam leisten. *Rechts- bzw. Gesetzesgehorsam* ist vor allem um des Erreichens eines gemeinsamen Zieles willen notwendig: So kann z.B. das Funktionieren des Straßenverkehrs mit der Vermeidung von Verkehrstoten und sonstigen Verkehrsschäden nur erreicht werden, wenn den Verkehrsvorschriften gegenüber der nötige Gehorsam geleistet wird. Solches ist auch deshalb notwendig, damit die Gemeinschaftsziele erreicht werden, ohne daß alle Rechtspersonen sich mit allen Details bzw. Aspekten von gesetzlichen Vorschriften kundig auseinandergesetzt haben. Wollte man nämlich darauf warten, bis der letzte Rechtsgenosse bzw. die letzte Rechtsgenossin alle Details eines sie betreffenden Gesetzes durchschaut und zustimmend zur Kenntnis genommen hat, so könnte man die Verwirklichung von manchen durch Gesetze zu erreichenden Gemeinschaftszielen auf den St. Nimmerleinstag verschieben.

Damit ist selbstverständlich nicht gesagt, daß die Rechtserzeuger und Gesetzesvorschreiber nicht alles ihnen Zumutbare tun müssen, um *verständliche, klare, sachlich gerechtfertigte Gesetze* und andere Vorschriften zu erlassen. Selbstverständlich ist auch, daß die verantwortlichen Volksvertreter und Politiker sich hinreichend mit den zu beschließenden Gesetzen und Verordnungen auseinandersetzen müssen und nicht zu Handlangern von Gesetzgebungsmaschinerien degenerieren dürfen.

Im Blick auf die Rechtsunterworfenen ist es wichtig zu betonen, daß diese im Sinne einer allgemeinen politischen Verantwortung die Gestaltung der Politik samt der Rechtsordnung sich zu ihrem *persönlichen Anliegen* machen müssen und das politische Geschäft nicht den anderen überlassen dürfen. Dabei wird zu bedenken sein, daß Gesetze oft, wenn nicht meist, einen *Kompromiß* zwischen den verschiedenen Ansprüchen darstellen werden. Auf alle Fälle ist zu beachten, daß Gesetze, welche der Gerechtigkeit dienen wollen, die Loyalität und Treue der Bürger/innen verdienen. Bei der

Prüfung der Gesetze auf ihre *Gewissensverpflichtung* muß beachtet werden, daß dieses Gewissen sich als wach, informiert, verantwortungsvoll, überprüft und von egoistischer sowie ideologischer Unterwanderung frei erweist.

Auf noch etwas muß beim Thema des Rechtsgehorsams hingewiesen werden: auf die Rolle und Bedeutung des *gerechtfertigten Vertrauens* und die Bedeutung des *gerechtfertigten Mißtrauens*. Weil die Rechtsunterworfenen bei der detaillierten Prüfung aller zu befolgenden Gesetze überfordert sind, wird der zu leistende Rechtsgehorsam oder Rechtswiderstand vom Vertrauen in oder Mißtrauen gegen die gesetzgebende Autorität abhängen. Daher ist es sehr wichtig, daß solches Vertrauen bzw. Mißtrauen nicht blind gehegt, sondern streng auf seine Berechtigung hin überprüft wird.

2.5 Im Gewissen fundierter Rechtswiderstand

Die Erfahrung lehrt, daß auch in der Demokratie konkretes Recht der christlichen Ethik - und nicht nur dieser - widersprechen kann. Daraus folgt aus der Perspektive dieser christlichen Ethik einmal die Notwendigkeit, daß Christen auch in der Koalition mit Nichtchristen alles unternehmen, um bei Gesetzen *optimale* Regelungen bzw. Kompromisse zu erzielen. Daraus folgt weiters die Notwendigkeit, eindeutigen Unrechtsgesetzen einen entsprechenden Rechtswiderstand entgegenzusetzen. Denn für einen solchen Konfliktfall zwischen Recht und Sittlichkeit gilt, daß man seinem wohlinformierten, gebildeten, wachen und überprüften *Gewissen* mehr gehorchen muß als den Menschen, daß man also einer solchen unsittlichen Rechtsnorm den Gehorsam verweigern muß. In welcher *Form* ein diesbezüglicher Rechtswiderstand erfolgen soll, hängt von der Schwere der Rechtsunsittlichkeit sowie von konkreten Umständen ab. Gewaltsamer Widerstand gegen den demokratischen Rechtsstaat ist aus der Sicht der hier vertretenen christlichen Ethik auszuschließen.

Die prinzipielle Richtigkeit bzw. Notwendigkeit eines Rechtswiderstandes in der Demokratie wird auch nicht durch die Tatsache aufgehoben, daß es in der Demokratie so etwas gibt, was Willi Geiger die *„Inflationierung des Gewissens"* nennt, die Inflationierung, welche nach der Meinung von Willi Geiger viel zum Abbau des Rechtsgehorsams beiträgt.[46] Wörtlich schreibt er: „Was wird heute alles an politischen Aktivitäten unter Berufung auf das Gewissen gerechtfertigt. Gewissen legitimiert da den Rechtsbruch... Heute meinen viele, wenn sie eine Handlung aus Gründen der Zweckmäßigkeit oder der Nützlichkeit für geboten halten, sie hätten eine Gewissensentscheidung getroffen... Ideologie instrumentalisiert oft das Gewissen."[47] Im Sinne des oben Geschriebenen möchte ich hinzufügen: Auch Egoismus instrumentalisiert oft das Gewissen. Trotz solcher Mißbrauchsmöglichkeiten ist aber an der *Priorität des Gewissens* festzuhalten. Es sind gerade auch deshalb die oben angeführten Attribute des Gewissens streng zu beachten. Zu beachten bleibt aber ebenfalls, daß nicht nur Widerstandleistende, sondern auch rechtsetzende und rechtfordernde Autoritäten ein zu beachtendes Gewissen haben und daß deshalb mitunter, wenn nicht oft, Gewissensentscheidung gegen Gewissensentscheidung stehen kann. So wird speziell bei den Widerstandsleistenden das Gewissen auch seinen *Preis* haben, was die Echtheit einer Gewissensentscheidung begünstigen kann.

Daß Widerstand auch in der Demokratie angebracht sein kann, dafür kann das verfassungsrechtlich normierte *Widerstandsrecht* in Deutschland als Beispiel dienen. Nicht nur die Landesverfassungen von Hessen, Bremen und Berlin ent-

---

[46] Ebenda 57
[47] Ebenda 57

halten ein Widerstandsrecht gegen verfassungswidrig bzw. grundrechtswidrig ausgeübte öffentliche Gewalt.[48] Auch das Grundgesetz, also die Verfassung Deutschlands, enthält seit 1968 ein subsidiäres Widerstandsrecht. In Art. 20 Abs. 4 dieser Verfassungsordnung heißt es nämlich: „Gegen jeden, der es unternimmt, diese Ordnung zu beseitigen, haben alle Deutschen das Recht zum Widerstand, wenn andere Abhilfe nicht möglich ist."[49] Wenn die positiv-rechtliche Normierung des Widerstandsrechtes auch problematisch bleibt, weil dieses letztlich naturrechtlicher Art und im voraus nicht völlig normierbar ist[50], so zeigen diese Normierungen doch, daß mit einer eventuellen Notwendigkeit eines Widerstandes auch in der Demokratie gerechnet wird.

2.6 Toleranz lebensnotwendig[51]

Nicht nur die vielen Bürgerkriege der Geschichte, sondern auch alle haßerfüllten Einzel- und Massenmorde von Rassisten, Nationalisten, Fundamentalisten und sonstigen Fanatikern unseres Jahrhunderts bezeugen sehr augenscheinlich, wie notwendig für das friedensrelevante politische Ethos der Demokratie die *Toleranz* ist. Der Begriff Toleranz bezeichnet dabei ursprünglich „das geduldige Ertragen ... von abweichenden Auffassungen, auch das Hinnehmen von Beeinträchtigungen, die sich im Zusammenleben von einzelnen oder Gruppen dann ergeben, wenn unterschiedliche Über-

---

[48] Vgl. Starck, Widerstandsrecht 991
[49] Stober, Grundgesetz der Bundesrepublik 38
[50] Vgl. dazu Starck, Widerstandsrecht 992
[51] Vgl. zu diesem Punkt auch Becker, Toleranz: Grundwert und die sich auf diesen Hauptartikel beziehenden Kritiken in: Ethik und Sozialwissenschaften 8 (1997) 423-471 und die Replik von Becker in dieser Nummer 471-480

zeugungen aufeinanderstoßen."[52] Mit dem zunehmenden Verlust der Einheitlichkeit von Religion, Weltanschauung und Sinngebung in der Moderne und der Zunahme der kulturellen Interpenetration in der multikulturellen Globalgesellschaft steigt die Notwendigkeit der Pflege von Toleranz als wichtiger Existenzbedingung von Demokratien.

Nun ist zunächst einmal festzustellen, daß die Neigung zur Intoleranz in gewisser Weise der menschlichen Natur immanent ist. Die Tatsache nämlich, daß der Mensch als Geisteswesen nicht bloß biologisch existieren, sondern seinem Leben einen Sinn abgewinnen will, ist nicht nur Anknüpfungspunkt für gelungene Daseinsbewältigung, sondern Anknüpfungspunkt auch für gefährliche *Ideologien*, die zur fanatisierenden Bekämpfung des Feindes, von dem man die Zerstörung des Lebenssinns befürchtet, ausarten können. Unter Ideologie in diesem negativen Sinn kann man dabei mit Johannes Messner den Glauben an absolute Wahrheiten und absolute Werte verstehen, „die für eine erstrebte Sozialordnung maßgebend sein sollen, aber im Widerstreit zur Wirklichkeit menschlichen und gesellschaftlichen Seins stehen."[53]

Wie gesagt, liegt der Anknüpfungspunkt für gefährliche Ideologien und ihre zerstörerischen Prozesse *im Menschen selbst*. Christian von Krockow schreibt dazu folgendes: Der Mensch sei ein höchst seltsames Wesen: „Er kann das, was ihm normalerweise als größtes, verabscheuungswürdiges Verbrechen gilt - die Tötung von seinesgleichen -, auch mit schattenlos gutem Gewissen und unter allgemeinem Beifall vollbringen, gesetzt nur, er habe sich zuvor ein Schema zurechtgelegt oder zurechtlegen lassen, das den oder die Umzubringenden als absoluten Feind, als Teufel, als Un- oder

---

[52] Becker, Toleranz 485
[53] Messner, Ethik 45

Untermenschen markierte. Eben dies ist das Werk von Ideologien..."[54]

Es erhebt sich nun die Frage, ob es im Menschen auch *Anknüpfungspunkte* zur Toleranz, also zu Kräften und Prozessen gibt, die den eben beschriebenen zerstörerischen und vernichtenden Prozessen entgegenwirken, sie hemmen und überwinden können. Diese gibt es Gott sei Dank, und diese gilt es zu entwickeln und zu fördern.

Ein wichtiger Anknüpfungspunkt im Menschen in Richtung der Tugend der Toleranz ist die Vernunfteinsicht in die Sinnhaftigkeit der *Goldenen Regel*, die nach Mt 7,12 lautet: „Alles, was ihr also von anderen erwartet, das tut auch ihnen!" Die Respektierung des Sinnkonzeptes, die man für sich fordert, muß man auch anderen zuteil werden lassen.

Weitere Anknüpfungspunkte sind: das *Hingeordnetsein* des Menschen *auf den anderen*; die *wohlwollende Anteilnahme* am Schicksal und Glück des anderen, die Disposition zur *Nächstenliebe*; die *Suche nach der immer größeren Wahrheit* und das *Offensein* für diese größere Wahrheit.

Es kommt nun entscheidend darauf an, daß hinsichtlich der Toleranz - wie übrigens hinsichtlich aller anderen Faktoren des demokratischen Ethos - ein Zweifaches getan wird: daß einmal *im Einzelnen* dieses Ethos durch Eigen- und Fremderziehung entfaltet und kultiviert wird; und daß sodann dieses Ethos *institutionell* im betreffenden Gemeinwesen verankert und gefördert wird.

Bei der Entwicklung und Pflege von Toleranz muß freilich eine Verwechslung der Toleranz mit *Standpunktlosigkeit* oder Indifferentismus vermieden werden. Toleranz erfordert gerade einen Standpunkt, von dem aus man zum anderen eine Beziehung aufnehmen kann. Niemand kann im „geistig-luftleeren Raum" existieren. „Ohne festgehaltene Meinung", so sagt Theodor Adorno richtig, „ohne Hypothesis eines

---

[54] Krockow, Ideologische Bedingtheit 30

nicht ganz Erkannten... ist Erfahrung, ja die Erhaltung des Lebens kaum möglich."[55]

Toleranz besagt auch nicht, daß man nicht überzeugt ist, daß es eine *Wahrheit* als Überprüfungsinstanz gibt. Allerdings steckt hinter der richtig verstandenen Toleranz die Überzeugung, daß die Wahrheit und die Wirklichkeit viel zu komplex sind, als daß sie ein für allemal eingefangen werden könnten. Der Tolerante weiß zu gut, daß er nicht überall schon der Weisheit letzten Schluß gefunden hat. Er bleibt *offen für neue Möglichkeiten* und Alternativen. Er bemüht sich um Vor-Urteile im Sinne offener und vorläufiger Urteile, was eine Vermeidung von Vorurteilen im Sinne vereinfachender, verengender und aversionsbestimmter Urteile bedeutet.[56]

Im Blick auf das Anliegen einer gelungenen Demokratie darf man freilich nicht die Grenzen der Toleranz übersehen. Sie liegen dort, wo die Bedingungen von Offenheit und Komplexität zerstört werden sollen und *gefährliche Vereinfachungen* bzw. vereinfachende „Vergewaltigungen" forciert werden. Hier wird das sichtbar, was Karl Popper das *„Paradox der Toleranz"* nennt. „Uneingeschränkte Toleranz", so schreibt er, „führt mit Notwendigkeit zum Verschwinden der Toleranz... Wir sollten daher im Namen der Toleranz das Recht für uns in Anspruch nehmen, die Unduldsamen nicht zu dulden."[57]

Zu diesem Popper'schen Toleranzkriterium ist zu bemerken, daß es erst dann zu einer befriedigenden Lösung führt, wenn es in einer Gesellschaft möglichst breite gemeinsame Übereinstimmung bezügliche jener Werte gibt, die ein menschenwürdiges Zusammenleben bedingen, so daß bei Angriff auf solche Werte eine hinreichende Gegenwehr erfolgen kann.

---

[55] Adorno, Eingriffe 151
[56] Vgl. dazu Gehring, Toleranz 404
[57] Popper, Die offene Gesellschaft 359

In diesem Zusammenhang ist es dann angebracht, von einer *wehrhaften Demokratie* zu sprechen.

Auf sozialer und institutioneller Ebene haben sich als besondere *Problemgebilde* im Blick auf die Toleranz *Religionsgemeinschaften* und *Staatsgebilde*, unter letzteren vor allem jene diktatorischer Art, erwiesen. Religions-, Konfessions-, Bürger- und sonstige Kriege geben Zeugnis davon. Die Tatsache, daß Toleranz in der Umschreibung als Freiheit des Glaubens, des Gewissens, des religiösen und weltanschaulichen Bekenntnisses in den Verfassungen der meisten modernen Staaten sowie in den Menschenrechtsdeklarationen und -konventionen verankert ist, stellt diesbezüglich zweifelsohne einen Fortschritt dar. Einen diesbezüglichen Fortschritt stellt im Blick auf die katholische Kirche auch das II. Vatikanum dar. In „Dignitatis Humanae", der Erklärung über die *Religionsfreiheit*, heißt es: „Das Vatikanische Konzil erklärt, daß die menschliche Person das Recht auf religiöse Freiheit hat. Diese Freiheit besteht darin, daß alle Menschen frei sein müssen von jedem Zwang sowohl vonseiten Einzelner wie gesellschaftlicher Gruppen, wie jeglicher menschlichen Gewalt, so daß in religiösen Dingen niemand gezwungen wird, gegen sein Gewissen zu handeln"[58]. Und die Pastoralkonstitution „Gaudium et Spes" desselben Konzils fordert: „Achtung und Liebe sind auch denen zu gewähren, die in gesellschaftlichen, politischen oder auch religiösen Fragen anders denken oder handeln als wir."[59]
Toleranz äußert sich - das ist nach dem bisher Gesagten klar - in entsprechender *Diskussionsoffenheit*, natürlich auch und besonders in der Demokratie. Daher ist Marian Heitger, dem emeritierten Ordinarius für Pädagogik an der Universität

---

[58] Dignitatis Humanae Nr. 2, zit. nach: Rahner/Vorgrimler, Kleines Konzilskompendium 662
[59] Gaudium et Spes Nr. 28

Wien, voll zuzustimmen, wenn er im Blick auf die im Sommer 1997 in Österreich aufgebrochene Diskussion um die Abtreibung schreibt: „Da wird zunächst einmal von einer Ministerin - der Frauenministerin Prammer - beklagt, daß die Diskussion um Abtreibung wieder aufbricht; das Thema sollte doch nun ein für allemal erledigt sein.
Hier irrt die Ministerin. In einer Demokratie gibt es keine endgültigen Regelungen - etwa nach dem berühmt-berüchtigten Motto: Roma locuta, causa finita. Es ist geradezu das Recht eines jeden Bürgers in der funktionierenden Demokratie, über beschlossene und in Geltung getretene Gesetze weiter zu räsonieren; und niemand darf ihm das verbieten!
Nur eine Diktatur läßt weitere Diskussionen nicht zu; da gilt das Wort der Obrigkeit als unwiderruflich und unantastbar."[60]

3. Intermediäre Institutionen als Ethosformer[61]

Eine sehr wichtige Frage in Bezug auf das politische Ethos und die Demokratie ist die, wer als hauptsächlicher Träger, Pfleger und Vermittler des politischen Ethos in der Demokratie fungieren soll. Wiewohl das staatliche Gesetz im Sinne der normativen Kraft des Normativen und im Gegensatz zur normativen Kraft des Faktischen als Instrument ethischer Belehrung dienen kann und soll und wiewohl der Staat mit seinem Schulsystem wichtige Arbeit bei der Ethosformung besonders junger Menschen leisten kann und soll, so ist dennoch nicht zu übersehen, daß dem Staat und seinem Gesetz hierin *Grenzen gesetzt* sind. Eine große Bedeutung in der Grundlegung, Entfaltung, Pflege und Vermittlung des demokratischen Ethos kommt den sogenannten *intermediä-*

---

[60] Heitger, Diskussionskultur 2
[61] Zum Folgenden vgl. auch Berger, Demokratie

ren, also den zwischen dem einzelnen und dem Staat liegenden Institutionen wie der Familie, den anderen gesellschaftlichen Gruppen, den Massenmedien und nicht zuletzt den Religionsgemeinschaften zu. In der Kultur der für das demokratische Ethos wichtigen Werte und Tugenden, wie sie oben aufgezeigt wurden, kommt diesen Institutionen eine eminente Bedeutung zu. Dabei sind es besonders drei solcher Institutionen, die eigens angesprochen werden sollen, und zwar:

● die *Familie* als Tor zur Humanität auch in der Politik durch Prägung jener Haltungen und Verhaltensweisen, die für ein menschenwürdiges Zusammenleben unerläßlich sind;

● die *Massenmedien* als wichtige Miterzieher der Menschen durch einprägsame Worte und Bilder besonders in Richtung verantwortungsvollen Umgangs mit Macht; und nicht zuletzt

● die *Religionsgemeinschaften* mit ihrer so wichtigen Funktion der Sinnstiftung und Sinnvermittlung, die zu einer wichtigen Quelle und Motivation einer Politik im Dienste und zum Wohl der Menschen werden können.

Im Blick auf die Religionsgemeinschaften sind im Zusammenhang des hier diskutierten Themas des politischen Ethos in der Demokratie einige Bemerkungen zum *Religions- bzw. Ethikunterricht* in der Schule zu machen, und zwar folgende:

1. Es ist unbefriedigend, daß Schüler, die sich vom Religionsunterricht abmelden, mit einer Freistunde *„belohnt"* werden.

2. Es ist auch unbefriedigend, daß solchen abgemeldeten Schülern dann keine eigene *schulische Wertevermittlung*, wie sie der Religionsunterricht praktiziert, durch ein eigenes Fach zuteil wird.

3. Eine normative Ethik, die für ein humanes Ethos entscheidend ist, kann *nicht wertneutral und unverbindlich* vermittelt werden, nicht von der Begründung her und nicht im Blick auf konkrete Normen bzw. Weisungen. Bei einem Ethikunterricht als Alternative zum Religionsunterricht stellt sich die

entscheidende Frage, *welche normative Ethik* denn vermittelt werden soll, eine utilitaristische, eine christliche, eine atheistische oder sonst eine. Es besteht dabei die große Gefahr des Etikettenschwindels, indem der Ethiklehrer oder die Ethiklehrerin unter dem Deckmantel des Ethikunterrichts seine oder ihre eigene, vielleicht auch gefährliche Ideologie vermittelt. Dem Religionsunterricht kommt in dieser Hinsicht zweifelsohne der Vorteil der Etikettenehrlichkeit zu.

4. Die Religionsgemeinschaften besitzen ein *hohes Potential an humaner Ethik* und an humanem Ethos, ein Potential, das in einem langen historischen Reinigungsprozeß an Humanitätsniveau gewonnen hat. Der demokratische Staat ist gut beraten, wenn er dieses Humanitätsreservoir schätzt und fördert.

Ebenfalls gut beraten ist der demokratische Staat, wenn er auch die anderen intermediären Institutionen schätzt und fördert, wie z.B. die Familie und die verantwortungsbewußten Massenmedien, weil er aus solchen Institutionen und dem von ihnen kultivierten Ethos heraus lebt. Nicht zufällig unterdrücken die Diktaturen solche Institutionen.

4. Schlußbemerkung

Demokratie als menschenwürdige Staatsform ist nichts Selbstverständliches, nichts automatisch Gegebenes, sondern etwas *stets neu zu Erringendes, zu Erwerbendes und zu Schaffendes*. Das gilt besonders hinsichtlich der ethischen Voraussetzungen dieser Staatsform. Dabei ist die Erfahrung zu machen, daß die eigentlichen knappen Güter der Menschheit nicht die materiellen Güter sind, sondern die *sittlichen Kräfte* der Menschen. Um solche Kräfte zu fördern, bedarf es der Erschließung und Mobilisierung vieler Quellen, nicht zuletzt auch der religiösen. Es bleibt zu hoffen, daß sich auch im Blick auf die Demokratie die Religion als Quelle, Tor, Motor und Anwalt der Humanität erweist.

III. BEMERKUNGEN ZU EINER ETHIK DER DEMOKRATIE[62]

1. Einleitung

Demokratie[63] ist ein schillernder Begriff, unter dem Verschiedenes, oft Gegenteiliges verstanden wird. Von einem Begriffsinhalt, der eine *Staatsform* bezeichnet, ausgehend, wird der Begriff auf weitere politische Felder und schließlich über das Feld der Politik hinaus ausgeweitet und mit einem symbolträchtigen Begriffsumfeld angereichert, so daß schließlich Demokratie als bestimmte Lebensäußerungen umfassende *„Lebensform"*[64] gefaßt wird. Im Gegensatz zu Aristoteles[65] etwa, bei dem unter dem Begriff Demokratie auch, und zwar in wesentlichem Umfang, Negatives mitschwang, hat der Begriff Demokratie heute eine stark positive Färbung angenommen, die es selbst den ursprünglichen Anliegen der Demokratie entgegengesetzten Herrschern unmöglich macht, sich nicht als die Vertreter der wahren Demokratie zu bezeichnen und darzustellen. Oder Demokratie wird auf eine einzelne Maßnahme wie eine Wahl der Volksvertreter reduziert, und mit dieser einen Maßnahme glaubt man, der Idee der Demokratie Genüge getan zu haben. Hier muß eine Ethik der Demokratie ansetzen, die sich nicht mit dem schönen Klang des Wortes Demokratie begnügen darf,

---

[62] Dieser Beitrag ist eine verbesserte Version eines Artikels, der erschienen ist in: Für Kirche und Heimat. FS für F. Loidl zum 80. Geburtstag, Wien 1985, 478-492
[63] Vgl. dazu Mantl, Demokratie 398ff
[64] Vgl. Roos, Demokratie
[65] Vgl. Mantl, Demokratie 401

sondern die Demokratie als Aufgabe, zu der jeder beizutragen hat, begreift und vor allem die für das Gelingen von Demokratie notwendigen Umfeldwerte und Voraussetzungen auf menschlicher und gemeinschaftlicher Ebene herausstellt.

2. Begriff

Die Zahl der Demokratiebegriffe ist nur noch sehr schwer, wenn überhaupt, zu überschauen und ein gemeinsamer Nenner im Begriffsinhalt wenn, dann nur noch schwer herauszukristallisieren. Hier soll nur an eine an der Wiege der neuzeitlichen Demokratie stehende Definition, nämlich die von Lincoln, erinnert und dann eine eigene Definition versucht werden. Abraham Lincoln[66] definierte in der Gedenkrede von Gettysburg aus dem Jahre 1863 Demokratie als „government of the people, by the people, and for the people" (Regierung des Volkes, durch das Volk und für das Volk). Lincoln zitierte dabei einen älteren Text, und zwar das Vorwort zu John Wyclifs Bibelübersetzung von 1384. Dort heißt es: „This bible is for the government of the people, by the people, and for the people." (Diese Bibel ist für die Regierung des Volkes, durch das Volk und für das Volk). Den Traditionszusammenhang, in dem Lincoln mit dieser Zitierung des Textes steht, bezeichnet Heinrich Schneider mit dem Ausdruck „Emanzipation von Herrschaft".[67] Es geht um den *Abbau hierarchisch-institutioneller Strukturen zugunsten des mündig gewordenen Christen bzw. Bürgers.* Schon an dieser Stelle zeigt sich der hohe Anspruch, den Demokratie an den Menschen stellt, nämlich das Wahrnehmen und Gestalten seiner Mündigkeit. So kann man Demokratie in einem weiteren Sinn als die größtmögliche sinn-

---

[66] Zit. nach Schneider, Demokratieverständnis 83
[67] Ebenda 83

volle Beteiligung der Glieder eines Sozialgebildes an der Findung und Durchsetzung des Gemeinschaftswillens unter institutioneller Garantie verstehen. Diese Definition soll im folgenden durch das Aufzeigen von Wesensmerkmalen der Demokratie mit ihren ethischen Ansprüchen verdeutlicht werden.

3. Wesensmerkmale von Demokratie

3.1 Die Prinzipien der Freiheit und der Gleichheit

Freiheit und *Gleichheit* sind Grundvoraussetzungen der Demokratie, nur ist das gegenseitige Verhältnis dieser Grundwerte alles andere als bestimmt. Die Verabsolutierung jedes dieser beiden Werte scheint die geglückte gegenseitige Beziehung zu verunmöglichen, ja eine solche geglückte Beziehung scheint die Quadratur des Kreises zu sein, wie der von Leonhard Reinisch herausgegebene Sammelband „Freiheit und Gleichheit oder Die Quadratur des Kreises"[68] schon im Titel feststellt. In seinem in diesem Sammelband enthaltenen Artikel bezeichnet Heinz Laufer[69] so auch die „Demokratie als eine coincidentia oppositorum" (einen Zusammenfall der Gegensätze). Über all die Konstatierung von Gegensätzen darf aber nicht vergessen werden, daß diese Gegensätze in einen Einklang gebracht werden müssen, soll Demokratie gelebt werden können, und es muß darauf hingewiesen werden, daß eine gültige Abstimmung und ein tragfähiger Ausgleich nie ein für allemal gefunden werden können, sondern immer wieder neu gesucht werden müssen. Das erfordert große geistige Anstrengungen und den Verzicht auf den An-

---

[68] Reinisch (Hrsg.), Freiheit
[69] Laufer, Die Widersprüche

spruch, die *Wahrheit ein für allemal gefunden* zu haben[70], eine Haltung, die Demokratie als Staats- und als Lebensform von anderen Konzepten wohltuend unterscheiden kann und soll. Wie also Demokratie von der Betrachtung der Prinzipien her schon eine Abwehr der Tyrannei eines Wertes über andere Werte mit der damit einhergehenden Zerstörung dieser Werte und schließlich des dominierenden Wertes selbst bedeutet, so bedarf es auch in der konkreten Wirklichkeit immer wieder der Abwehr sich als einzig möglich darstellender Lösungsmöglichkeiten.

3.2 Das Mehrheitsprinzip

In der Diskussion über Demokratie steht das *Mehrheitsprinzip* oft so sehr im Vordergrund, daß das Mehrheitsprinzip als das Wesen der Demokratie erscheint. Dem ist zu widersprechen. Das Mehrheitsprinzip ist *eines* der demokratischen Prinzipien, nicht aber *das* demokratische Prinzip. Was steht hinter diesem Prinzip? An der Wiege der modernen Demokratie steht Jean-Jacques Rousseaus Ideal der Identität von Herrschenden und Beherrschten. Hinter dieser Forderung steht das Anliegen, nicht von außen auferlegten Forderungen Folge leisten zu müssen, sondern *Fremdbestimmung* abzubauen zugunsten der *Eigenbestimmung*.
Eine hundertprozentige Identität wird es in der Realität kaum geben, und so sucht man eine Annäherung, welche im Mehrheitsprinzip gegeben zu sein scheint. Natürlich liegt in dieser Annäherung ein Problem. Wer nämlich garantiert, daß die pars maior auch die pars sanior ist, daß also der größere Teil auch der bessere und vernünftigere ist? Umgekehrt muß man

---

[70] vgl. dazu Krockow, Ethik und Demokratie, bes. 16; Zsifkovits/Neuhold, Moral, bes. 254f

sich ebenfalls hüten, den kleineren Teil von vornherein als den besseren anzusehen.

Die *Diktatur der Mehrheit* über die Minderheit ist ein Problem, das sofort auf ein weiteres Wesensmerkmal hinweist, das des effektiven Minderheitenschutzes.

3.3 Prinzip des effektiven Minderheitenschutzes

Prüfstein echter Demokratie ist der *effektive Minderheitenschutz*. Natürlich ist umgekehrt auch von den Minderheiten Mäßigung in der Hinsicht zu erwarten, daß sie nicht ihrerseits zu Diktatoren werden. Damit dieser Minderheitenschutz effektiv funktionieren kann, bedarf es der ständigen Suche nach mehr Wahrheit, nach mehr Gerechtigkeit, nach dem Guten. Für ein befriedigendes Verhältnis von Mehrheit und Minderheit ist aber auch ein Konsens aller über die *Grundwerte* und *fundamentalen Spielregeln* der Demokratie notwendig. Mit dem in der modernen Gesellschaft gegebenen Pluralismus ist mitunter auch ein Zerfall der Grundwertebasis mitbedingt, der nur zu leicht die Basis für die Demokratie aushöhlen und zu einer individualistisch-egoistischen Ausnutzung des demokratischen Systems führen kann. Die *Wertbasis*, von der heraus die Väter der Demokratie handelten, gilt es daher zu kultivieren, weil ohne eine auf die Grundwerte und Menschenrechte ausgerichtete Haltung das übrigbleibende formale Gerüst der Demokratie nur zu leicht zu einer Pervertierung der Idee der Menschenwürde führen kann. Es muß also die Wertbasis gepflegt werden, auf der sich die gegnerischen Parteiungen, Parteien und Gruppen zu einem *konstruktiven Dialog* finden können. Die in den Grund- und Freiheitskatalogen demokratischer Staaten verankerten Rechte und die in der Menschenrechtsdeklaration und in den Menschenrechtskonventionen der Vereinten Nationen oder in der Enzyklika Pacem in Terris Papst Johannes XXIII. niedergelegten *Menschenrechte* müssen als Mindestforderungen anerkannt und durchgeführt werden, will die in der Demokratie gemachte Politik dem „guten Leben" des Menschen und möglichst aller Menschen dienen. Dabei dürfen die in den Menschenrechten und Verfassungen niedergelegten „Spielregeln der Demokratie" nicht als Behinderungen aufgefaßt werden, vielmehr als Ermöglichung geordneten politischen Handelns.[71]

3.4 Das Prinzip der Repräsentation[72]

Das Ideal der *Identität* von Regierenden und Regierten, wie es in der *direkten* Demokratie im hohen Maße verwirklicht wird, ist in der politischen und gesellschaftlichen Realität in der Mehrheit der Fälle nicht zu verwirklichen, und zwar umso weniger, je größer ein Sozialgebilde ist. Will auch ein entsprechend großes Sozialgebilde Handlungsfähigkeit bewahren, bedarf es der Ergänzung direkt demokratischer Elemente durch *indirekte*, der Ergänzung der Identität durch Repräsentation, durch Vertretung. Damit aber das Ziel der Demokratie, das Gemeinwohl, erreicht werden kann, bedarf es einer entsprechenden Qualifikation der Volksvertreter. Folgende Gesichtspunkte scheinen für Volksvertreter besonders bedenkenswert.

3.4.1 Die *Fähigsten* und *Vertrauenswürdigsten*, nicht die Lautesten und Skrupellosesten, aber Unfähigen, sollen die Gunst des Volkes erhalten. Soll das erreicht werden, müssen die Bürger politisch reif und mündig sein, denn das Volk hat in der Demokratie meist jene Vertreter, die es verdient. Es

---

[71] Vgl. dazu Zsifkovits/Neuhold, Moral, bes. 254f
[72] vgl. dazu Mantl, Repräsentation

wäre also falsch, wollte man nur den Politikern, den Vertretern des Volkes alle Schuld am manchmal traurigen Zustand der politischen Kultur aufladen, sondern es gilt auch das *Volk* zur Verantwortung zu ziehen. Denn nur allzu oft geschieht es, daß moralisch gerade nicht hochstehende Politiker belohnt und die nach ihrem Gewissen Handelnden bestraft werden. Demokratie ist also eine Staatsform für *Bürger*. An das Bürgersein sind aber gewisse Qualitäten geknüpft, etwa Mündigkeit, Reife, Wahrhaftigkeit, Friedensliebe usw.

3.4.2 Für eine gemeinwohlorientierte Politik ist es ferner entscheidend, daß sich *genügend fähige und charaktervolle Persönlichkeiten* um das Amt eines Volksvertreters bemühen. Das oft als „schmutzig" apostrophierte Geschäft der Politik darf nicht unfähigen und gewissenlosen Menschen überlassen werden. In diesem Zusammenhang ist eine gewisse Fluchtbewegung aus dem Politischen ins Private mit großer Skepsis zu betrachten. Inwieweit das dauernde Gerede vom „schmutzigen Geschäft" der Politik hier mitspielt, ist zu prüfen. Besonders für einen jungen Menschen kann dieses dauernde Lamentieren abstoßend wirken und ihn von der Politik fernhalten. Hier gilt es aufzuzeigen: Du hast eine Aufgabe in der Politik, und du hast dahingehend zu wirken, daß die politische Wirklichkeit besser wird.

3.4.3 *Die Kontrolle der Volksvertreter durch das Volk* ist unerläßlich, denn die den Volksvertretern abgetretene Macht neigt nur allzuleicht zum Machtmißbrauch.

3.4.4 Die Verantwortung des Volksvertreters vor seinem Gewissen und vor den wohlverstandenen und längerfristigen Interessen des Volkes ist äußerst wichtig.
In diesem Zusammenhang ist besonders jenen Politikern Anerkennung zu zollen, die *ihren Hut genommen* haben und ih-

ren Hut nehmen, weil sie gewisse Aktionen, die zwar vom „Volk" gefordert werden, die sie aber nicht mit ihrem Gewissen vereinbaren können, nicht mittragen wollen. Durch das heute gegebene reiche Manipulationspotential ist das Volk mitunter nur zu leicht bereit, kurzfristig verlockende, auf längere Sicht aber unverantwortliche politische Aktionen zu fordern. Zum Schutze dieser Gewissensverantwortung der Politiker gibt es das *freie Mandat*. In Art. 56 des österreichischen Bundes-Verfassungsgesetzes heißt es: „Die Mitglieder des Nationalrates und die Mitglieder des Bundesrates sind bei der Ausübung dieses Berufes an keinen Auftrag gebunden."[73]

Gerade angesichts der Beschränkung des freien Mandates durch die sogenannte Parteidisziplin und den Clubzwang ist verstärkt auf die Forderung des freien Mandats hinzuweisen. Wenn Politiker nämlich immer nur nach dem Druck der Partei, der Straße oder anderer Meinungsmacher entscheiden sollen, wäre das das Ende der Demokratie, weil die Gemeinwohlkomponente vor allem im Hinblick auf ihre Zukunftsdimension und ihre weltweite Ausdehnung nur zu leicht ausgeklammert wird.

3.5 Das Prinzip der Kontrolle

Staatliche Macht kann gefährlich werden, vor allem auch deswegen, weil der Staat ein Gewaltmonopol besitzt. So bedarf die Macht einer *ständigen Kontrolle*, um den Machtmißbrauch zu minimieren. Vor allem aber bedarf es einer *institutionellen Verankerung* dieser Kontrolle. Das Prinzip der Gewaltenteilung, das Mehrparteiensystem, das Spiel von Regierung und Opposition als Forum für Argumente und

---

[73] Das Bundes-Verfassungsgesetz 83

Gegenargumente, das rechtsstaatliche Prinzip, das das Handeln an Gesetze bindet, sind solche Instrumente der Kontrolle. Nicht vergessen darf man aber auch die *Massenmedien*, die „säkularisierten Priester", die in einer Demokratie eine wichtige Kontrollfunktion ausüben. Die öffentliche Meinung kann nämlich wirksam gewissen Übelständen entgegentreten und auf ihre Abschaffung drängen. Allerdings ist angesichts der großen Macht der Massenmedien und ihrer wirksamen und oft verführerischen Möglichkeiten, an jemandem Rufmord zu begehen, sofort die Frage zu stellen: Wer kontrolliert die Kontrolleure? Die Aufteilung der Massenmedien auf viele, weltanschaulich breitgestreute Träger, Verhinderung von Medienmonopolen, eine entsprechende Rechtsordnung und vor allem die Kontrolle durch den mündigen Medienkonsumenten sind nur einige Maßnahmen in Richtung der Kontrolle der Kontrolleure. Wieder aber muß betont werden, daß der reife und mündige Staatsbürger im letzten der beste Kontrolleur des politischen Systems ist.

3.6 Das Prinzip des Vertrauens

Auf pathologischer Skepsis kann kein funktionierendes Sozialgebilde aufgebaut werden. Bei aller Notwendigkeit von Kontrolle, wie sie im vorigen Punkt betont wurde, ist es notwendig, daß in der Demokratie auch *Vertrauen* herrscht. Das Denken in Freund-Feind-Schemata führt zu einer Paralysierung jeglichen Zusammenlebens und zu einem Abbau menschenwürdigen Umgangs. Sich hinter Strukturen zu verschanzen und nur aus einem gesicherten kontrollierten Schema heraus zu handeln, lähmt das politische Geschehen. Wenn also das Vertrauen betont wird, gilt es, dieses Vertrauen in seiner *Wechselwirkung zur Kontrolle* zu sehen.

Kontrolle ermöglicht nämlich teilweise, daß die Dinge auch so sind, daß man ihnen vertrauen kann.

4. *Gefährdungen der Demokratie*

Demokratie ist nicht eine Form politischen und gesellschaftlichen Zusammenlebens, die von sich aus die beste der möglichen Welten zu schaffen imstande wäre und die gesichert in sich bestehen würde. Demokratie ist auch immer in Gefahr, und so gilt es, scharf die Gefahren, denen die Demokratie ausgesetzt ist, ins Auge zu fassen, um aus dieser Analyse heraus Strategien zur Bewältigung der Gefahren zu entwickeln. Im folgenden sollen einige Gefahren angeführt werden.

4.1 Die Gemeinwohl- bzw. Egoismusfalle

Eine Gefahr der Demokratie liegt darin, daß das Volk und die verantwortlichen Vertreter die längerfristigen Gemeinwohlinteressen zugunsten augenblicklicher und drängender kurzfristiger Interessen opfern. Das Hemd der Gegenwart, des Augenblickes und besonderer Gruppen ist oft näher als der Rock der Zukunft und der anderen. In der *sozialen Falle der Tragödie der Allmende*[74] wird diese Tatsache gut illustriert. Diese klassische soziale Falle, die „Tragedy of the Commons", ist nach einer um 1840 erschienenen Arbeit benannt und lautet folgendermaßen: Die Bauern eines Dorfes haben einige Kühe auf ihren eigenen Weiden, jeder hat aber auch einige auf der Gemeindewiese, der Allmende. Läßt ein

---

[74] Dargestellt nach: Bruckmann, Nisi vis bellum 6f; vgl. auch Zsifkovits, Oft ein knappes Gut 12f

Bauer nun eine Kuh mehr auf der Allmende grasen, so ist das für ihn ein Vorteil; dieser Vorteil wird umso größer, je mehr von den eigenen Kühen er auf der Allmende grasen läßt. Dieser Vorteil aber ist für jeden Bauern gegeben, der mehr Kühe auf die Gemeindewiese zum Grasen bringt. Nun werden aber so viele Kühe auf die Gemeindewiese getrieben, daß diese Kühe wegen Futtermangels kaum Milch mehr geben. Außerdem wird die Grasnarbe so gründlich abgefressen, daß überhaupt nichts mehr wächst. Man sieht also: Durch *kurzfristig rationales, egoistisches Handeln* kommen alle, der einzelne mit eingeschlossen, zu Schaden.

Hier liegt also eine Falle vor, durch die Demokratie zum Selbstmordinstrument werden kann. Durch die an den Staat herandrängenden Probleme, die den Staat zum Erfüllungsgehilfen von starken Interessengruppen reduzieren[75], wird das umfassende Gemeinwohl hintangesetzt. Das geschieht meist unter Mithilfe, zumindest aber mit Duldung der Mehrheit. So bestimmt die Mehrheit mit, was allen, auch ihr selbst, letzten Endes zum Schaden gereicht. Um dieser Falle zu entkommen, bedarf es immer wieder der „Demokratiepropheten", die das Gewissen der Bürger aufrütteln und auf das *umfassende Gemeinwohl* hinweisen. Durch diese warnenden Stimmen muß eine politische Kultur geschaffen werden, die sich nicht nur an vordergründigen und kurzfristigen Interessen, sondern an langfristigen Gemeinwohlkomponenten orientiert. Es soll ein Reservoir an Moral geschaffen werden, aus dem die Politik schöpfen kann, denn diese verbraucht mehr Moral, als sie zu produzieren vermag. Hier liegt eine wichtige Aufgabe von *Kirchen* und so auch der katholischen Kirche, die das Ganze in den Blick bekommen sollten. Die Politik droht nämlich sonst in technokratischer Verkürzung zu degenerieren und sich von ihren eigentlichen Zielen zu entfernen.

---

[75] Vgl. dazu Briefs, Katholische Soziallehre, bes. 134f

Im Zusammenhang mit der Gemeinwohlfalle ist auf die heute oft anzutreffende Bedürfnisfixierung der Bürger, auch der Jugendlichen, hinzuweisen. Vonseiten der Werbung oder von gewissen Seiten der Psychologie wird der Mensch ja immer wieder aufgefordert, seine eigenen Bedürfnisse zu befriedigen und sich in Absehung anderer auf seine eigenen Bedürfnisse zu fixieren. Hier erweist man dem Menschen keinen guten Dienst. Auf sich selbst zurückgeworfen kann der Mensch vielleicht eine Zeitlang sich selbst befriedigen, aber auf längere Sicht stellt sich ein „vagabundierendes" *Unbehagen* ein, das immer neue Anhaltspunkte der Abreaktion sucht und sie auch überall findet. Betrachten wir nur die Haltung der eigenen Bedürfnisfixierung, mit der viele Menschen in die Ehe gehen, und wie viele dieser Ehen scheitern! In Österreich betrug die Gesamtscheidungsrate im Jahre 1996 38,3, was bedeutet, daß 38,3 % aller gegenwärtig geschlossenen Ehen geschieden werden dürften.[76]

Dabei soll das *berechtigte, wohlverstandene Eigeninteresse,* das enlightened self-interest, wie es Adam Smith[77] nannte, nicht gering geschätzt werden. Wenn sich dieses harmonisch in das Gemeinwohl einpaßt, ist es eine wesentliche Triebfeder sozialer Aktion, die dem einzelnen wie auch dem Ganzen dient. Dieses darf nicht diskriminiert werden, wohl aber das egoistisch verkürzte. Bürger müssen also lernen, daß das berechtigte Eigeninteresse nur dann zu verwirklichen ist, wenn auch die berechtigten Eigeninteressen der anderen berücksichtigt werden. Theologisch ausgedrückt: Die wohlverstandene Eigenliebe realisiert sich dort, wo man Gott und den Nächsten liebt. Jede auf sich fxierte Selbstverwirklichungsideologie muß also auf das umfassende Gemeinwohl hin aufgebrochen werden, soll sie zur wahren Selbstverwirklichung des einzelnen führen.

---

[76] Vgl. Findl, Demographische Lage 825f;
[77] Vgl. Briefs, Grenzmoral, 63

4.2 Die Gefahr der Schweigespirale

Die Leiterin des Allensbacher Instituts für Demoskopie, Elisabeth Noelle-Neumann, schuf das Konzept der Schweigespirale. 1980 veröffentlichte sie ein Buch mit dem Titel „Die Schweigespirale". Wie sie zu dieser Hypothese kam, beschreibt sie so: „Die Hypothese verdankte ich in erster Linie den Studentenunruhen am Ende der 60er und Anfang der 70er Jahre; vielleicht ganz besonders einer bestimmten Studentin. Ich traf sie eines Tages im Vorraum vor dem Hörsaal mit einem CDU-Abzeichen am Jackenaufschlag. 'Ich wußte gar nicht, daß sie CDU sind', sagte ich zu ihr. 'Bin ich auch nicht', antwortete sie. 'Ich habe das Abzeichen nur einmal angesteckt, um zu sehen, wie das ist...' Mittags traf ich sie wieder. Ohne Abzeichen. Ich erkundigte mich. 'Ja', sagte sie, 'ich habe es abgemacht, es war zu furchtbar.'"[78] Die Studentin wollte erfahren, wie die Leute reagieren, wenn sie ein CDU-Abzeichen trägt. Öffentlich trug man damals SPD-Abzeichen. Mag das wirkliche Kräfteverhältnis auch ausgeglichen gewesen sein, in der Öffentlichkeit dominierte damals mit Energie, Begeisterung und Bekenntniskraft die SPD mit ihrer neuen Ostpolitik. So wurde das Kräfteverhältnis von der Bevölkerung falsch eingeschätzt. Noelle-Neumann fährt fort: „Und nun entwickelte sich eine eigentümliche Dynamik. Wer von der neuen Ostpolitik überzeugt war, spürte, wie das, was er dachte, von allen gebilligt wurde. Und also äußerte er sich laut und voll Selbstvertrauen und zeigte seine Ansichten; diejenigen, die die neue Ostpolitik ablehnten, fühlten sich alleingelassen, zogen sich zurück, verfielen ins Schweigen. Und eben dieses Verhalten trug

---

[78] Noelle-Neumann, Die Schweigespirale 17

dazu bei, daß die ersteren stärker schienen, als sie wirklich waren, und die letzteren schwächer. Diese Beobachtungen in ihrem Umkreis veranlaßten wieder andere, sich laut zu bekennen oder ihre Ansichten herunterzuschlucken und zu schweigen, bis wie in einem Spiralprozeß die einen öffentlich ganz dominierten und die anderen aus dem öffentlichen Bild völlig verschwunden und 'mundtot' waren. Das also ist der Vorgang, den man als 'Schweigespirale' bezeichnen kann."[79]

Gewisses ist in einer Gesellschaft „in" und kann gezeigt werden, findet somit auch genug Anwälte in der Öffentlichkeit, anderes wird, obwohl vielleicht von weiteren Gesellschaftskreisen bejaht, totgeschwiegen. So wird das eine immer stärker, das andere immer schwächer, weil man einfach als altmodisch abgestempelt wird, sollte man Gewisses vertreten. Das alles bewegt sich spiralenförmig fort. Dadurch entsteht in der Öffentlichkeit ein *verzerrtes Bild der Wirklichkeit*.

Noelle-Neumann findet Hinweise für diese Theorie der Schweigespirale bei Alexis de Tocqueville, der beschreibt, wie die Religionsverachtung unter den Franzosen des 18. Jahrhunderts eine allgemeine und herrschende Leidenschaft geworden sei. Eine wesentliche Ursache sei das Verstummen der Kirche gewesen. Tocqueville wörtlich: „Leute, die noch am alten Glauben festhielten, fürchteten die einzigen zu sein, die ihm treu blieben, und da sie die Absonderung mehr als den Irrthum fürchteten, so gesellten sie sich zu der Menge, ohne wie diese zu denken. Was nur die Ansicht eines Theiles der Nation noch war, schien auf solche Weise die Meinung Aller zu sein und dünkte eben deßhalb diejenigen unwiderstehlich, die ihr diesen trügerischen Anschein gaben."[80]

---

[79] Ebenda 18
[80] Tocqueville, A.de, L'Ancien régime et la révolution, zit. nach: Noelle-Neumann, Schweigespirale 21

Das Phänomen, das also zum Verstummen der einen Idee oder Partei führt, ist die *Isolationsfurcht* des Individuums. Innerhalb einer Gruppe oder eines anderen Sozialgebildes richtet sich das Individuum nach der im Sozialgebilde herrschenden Meinung aus, um sich den Halt durch die Gruppe zu sichern. Es gibt also den sogenannten Bandwagon-, den *Mitläufereffekt*, der die Individuen mit der lautstärker vertretenen Idee mitlaufen läßt. Auch der gegenteilige Effekt, der Underdog- oder *Mitleidseffekt* läßt sich feststellen. Es ist nicht immer leicht zu prognostizieren, welcher der beiden Effekte greifen wird. Das erschwert den Politikern vor Wahlen oft die Entscheidung, auf welchen Effekt sie setzen sollen. Nichtsdestoweniger ist festzustellen, daß der Mitläufereffekt ein sehr starker Effekt ist. In den Anfang der 50er Jahre vom Sozialpsychologen Salomon Asch[81] durchgeführten Experimenten zeigt sich die Stärke dieses Effektes. Obwohl drei den Versuchspersonen vorgelegte Linien sich in der Länge deutlich unterschieden und die der Musterlinie in der Länge entsprechende ohne weiteres auszumachen war und auch erkannt wurde, schlossen sich Versuchspersonen unter dem Druck der Meinung der Majorität, die eine falsche Linie, nicht die übereinstimmende, angab, dieser an.

Auch wenn sie keinen Zweifel daran haben können, daß die Meinung der Majorität falsch ist, schließen sich viele dennoch dieser Meinung an, um nicht isoliert zu werden. Viele Menschen scheinen also nicht zu *Helden ihrer Überzeugung* geboren zu sein, viele fallen unter dem Druck der Mehrheit um. Das Individuum erträgt es oft nicht, in Dissonanz zu leben. Wie Leon Festinger[82] mit seinem Theorem der *kognitiven Dissonanz* zeigt, will der Mensch intrapersonelle Disso-

---

[81] Etwa Asch, S.E., Group Forces in the Modification and Distortion of Judgements, 1952, dargestellt nach: Noelle-Neumann, Schweigespirale 60ff
[82] Festinger, Theorie

nanzen ausgleichen. Gleiches dürfte auch für den interpersonellen Bereich zutreffen. Leute, die eine Überzeugung haben und dabei den Druck einer Mehrheit, die anderer Meinung ist, nicht fürchten, sind offenbar sehr selten.

Der Prozeß der Schweigespirale ist aber sehr *gefährlich* für eine Demokratie, denn allzuleicht geraten die wahren Interessen eines Sozialgebildes ins Hintertreffen, weil es nicht opportun ist, diese zu vertreten. Die öffentliche Meinung, die ja nicht immer mit der veröffentlichten übereinstimmen muß, von dieser aber entscheidend gelenkt wird, ist nur zu leicht manipulier- und für kurzfristige Interessen einspannbar. Auf der anderen Seite entstehen Redeverbote und Tabuisierungen, oft gerade von Leuten, die früher gegen Tabus angerannt sind. Es bedarf also gerade in Demokratien Menschen, die diesen Prozeß der Schweigespirale zu durchbrechen bereit sind. Damit sind wir bei der Besprechung einer weiteren Gefahrenstelle in der Demokratie angelangt, die mit der sozialen Falle des „fehlenden Helden" umschrieben werden kann.

4.3 Die soziale Falle „Der fehlende Held"

Die soziale Falle, die unter dem Namen *„Der fehlende Held"*[83] läuft, läßt sich positiv durch folgende Begebenheit illustrieren.

In der Schlacht bei Sempach standen sich die schwer bewaffneten Österreicher und ein bunt zusammengewürfelter Haufen Schweizer gegenüber. Die Schweizer waren offenbar chancenlos, Schritt für Schritt wurden sie zurückgedrängt. Da rief der Sage nach Arnold von Winkelried: „Der Freiheit eine Gasse!" und stürmte mit diesen Worten zur Phalanx des Feindes vor. Sofort richteten sich die eingelegten Lanzen ge-

---

[83] Dargestellt nach: Bruckmann, Nisi vis bellum 9f

gen ihn und bohrten sich in seine Brust. Dadurch aber wurde für die nachrückenden Schweizer eine Lücke geschaffen, durch die sie einbrechen konnten, um die plumpen Ritter von hinten vom Pferd zu ziehen.
Was besagt nun diese soziale Falle? Der einzelne handelt rational, wenn er sich nicht opfert. Es opfert sich keiner, die Schlacht ist verloren und wahrscheinlich kommen dann viele ums Leben. Das Notwendige bleibt oft ungetan, weil es vom Opferwillen und der Initiative eines einzelnen abhängt. Anders ausgedrückt: Das Notwendige bleibt oft ungetan, wenn es von einem Einzelnen getragen werden muß. Jeder stellt sich - und vom individuellen Standpunkt aus zu Recht - die Frage: Warum gerade ich? Auf die Demokratie angewandt bedeutet das: Es kommt darauf an, daß die Werte und die Regeln der *Demokratie mit Konsequenz verteidigt und gelebt* werden. Diese Aufgabe kann nicht an andere delegiert werden. Der Einzelne und möglichst viele Einzelne müssen bereit sein, dafür einen entsprechenden Preis zu zahlen.
Im Zusammenhang mit der Schweigespirale bedeutet das, daß es *mutiger Einzelner* bedarf, die bereit sind, die Furcht vor der Mehrheit zu überwinden und tabuisierte Themen aufs Tapet zu bringen. Ist die Schweigespirale einmal durchbrochen, so finden sich bald andere, die dem „Helden" folgen, wie die Erfahrung zeigt. Die Demokratie braucht mutige Menschen, die zu ihrem Gewissen stehen und ihren Gewissensanspruch kundzutun wagen und auch danach leben bzw. handeln.

4.4 Vergessen auf autokratische Elemente

Demokratie braucht zur Verwirklichung des ursprünglich demokratischen Gemeinwohlwillens auch *autokratische Elemente*, will sie nicht in ihren Aktionen gelähmt werden.

Natürlich müssen diese autokratischen Elemente der Kontrolle unterliegen, aber sie sind für gewisse Aktionen, vor allem wenn sie schnell gesetzt werden müssen, unerläßlich. Natürlich sollen, wo möglich, basisdemokratische, direkt und indirekt demokratische Elemente im Vordergrund stehen, aber auch autokratische dürfen nicht übersehen werden, soll das politische Handeln in Kontinuität ablaufen und nicht der Willkür des Augenblicks ausgesetzt sein. In diesem Zusammenhang sei daran erinnert, daß es auch der *Kritik der Kritik* und der *Loyalität mit der gemeinwohlorientierten Autorität*, die leicht unter Druck geraten kann, bedarf. Manchmal ist nämlich Kritik die herrschende Meinung, geht aber in die falsche Richtung. Wer aber wagt es schon, nicht kritisch zu sein? Es bedarf also in solchen Situationen eines gewissen Mutes zur Kritik an der Kritik und zur Loyalität der Autorität gegenüber. Das heißt nicht, daß die Autorität verherrlicht werden soll, aber Autorität ist um des Gemeinwohls willen notwendig.

4.5 Formalistische Ausnützung der Demokratie zur Machterlangung

Eine weitere Gefahr besteht darin, daß extremistische Gruppen die *Mechanismen der Demokratie mißbrauchen*, um an die Macht zu kommen, und - einmal an der Macht - die Demokratie abschaffen. Das berühmteste Beispiel in dieser Hinsicht dürfte wohl Adolf Hitler sein.
Dieser Gefahr gilt es wachsam gegenüberzutreten und schon den *Anfängen zu wehren*. Ist nämlich eine gewisse Machtschwelle überschritten, so ist der Diktator kaum noch rückhol- oder rückrufbar. Immer wieder versuchen nämlich Gruppen, die Demokratie zu paralysieren, die Gesellschaft zu zerschlagen, um ihre Herrschaft aufzubauen. Eine ver-

tiefte Identifikation der Menschen mit den Werten der Demokratie und ein waches Wertebewußtsein müssen solchen Anschlägen auf die Demokratie, einem solchen Marsch durch die Institutionen entgegenwirken.

4.6 Das kopienhafte Anwenden der Demokratie auf unterschiedliche Sozialfelder

Es gibt gewisse *Eigenarten* und gewisse *Sachgesetzlichkeiten* verschiedener Sozialgebilde, die einem unterschiedslosen Anwenden demokratischer Mechanismen auf diese im Wege stehen. In der Euphorie von Demokratisierungsbestrebungen wird das nur allzu oft vergessen. Plastisch ausgedrückt: In der Familie das Schema von Regierung und Opposition, die Wahl des Familienoberhauptes, den Parteienkampf zu kopieren, dürfte diesem Sozialgebilde nicht gerecht werden, wiewohl eine breite Palette anderer demokratischer Elemente wie Mitsprache, Mitbestimmung, Mitverantwortung ohne weiteres, wenn auch in anderer Form, auf dieses Sozialgebilde übertragbar sind. Durch eine schematische Anwendung demokratischer Mechanismen kann Demokratie ad absurdum geführt werden. Das ursprüngliche Prinzip, auf dem die Demokratie basiert, ist nämlich das *Subsidiaritätsprinzip*, das demokratische Prinzip ist also ein Folgeprinzip des Subsidiaritätsprinzips.[84] Und man muß darauf achten, dieses Subsidiaritätsprinzip auf den verschiedenen Existenzebenen adäquat anzuwenden.

---

[84] Vgl. dazu Zsifkovits, Subsidiaritätsprinzip 2999

4.7 Die Frage der Grenzmoral

In der Demokratie muß man sich immer auch am Gegner orientieren, und dieser bestimmt so die Wahl der Mittel mit. Die Gangart des Gegners bestimmt oft die eigene Vorgangsweise. Besonders im Buhlen um die Macht kann es zu einer Lizitation nach unten kommen, so daß moralische Grundsätze weitgehend vernachlässigt werden, jedenfalls an die Grenze des gerade noch Erlaubten gegangen wird. Götz Briefs formulierte in diesem Zusammenhang das Problem der *Grenzmoral*: Mit Grenzmoral meint Briefs das „noch tolerierte, noch erträgliche Verhalten in zwischenmenschlichen Beziehungen.., ein Verhalten, das noch innerhalb der in einem Lebenskreis geltenden Normen verbleibt."[85] Man könnte die Grenzmoral als gut betrachten, da doch noch ein gewisses Maß an Moral gewahrt bleibt, aber dieser *Druck zur Grenze* wird in weiterer Folge ein *Druck auf die Grenze*, der schließlich zu einem Absinken des moralischen Minimums führt. Ausgehöhlte, leere Strukturen bleiben übrig. Dies kann gerade für die Demokratie, die, wie wir gesehen haben, von einem sie umgebenden Wertpolster lebt, gefährlich werden, denn ist einmal der Geist der Demokratie, die die Demokratie tragende Wertbasis, abhanden gekommen, ist es nicht mehr weit bis zur Abschaffung der Demokratie.

4.8 Die Gefahr des drohenden Verlustes des Grundwertekonsenses

Nur zu leicht kann die tragende Basis der Demokratie, der *Grundwertekonsens*, verloren gehen, wenn er nicht dauernd gepflegt wird. Eine *Kultur der Grundwerte* ist somit notwendig. Diese Kultur ist nicht etwas ein für alle Mal Gege-

---

[85] Briefs, Zum Problem 51

benes, sondern bedarf der laufenden Verankerung: in den Familien, die Zellen der Gesellschaft sind, in den Schulen, die ihr Wirken nicht auf bloße Wissensvermittlung reduzieren dürfen, in der Erwachsenenbildung, in gesellschaftlichen und politischen Institutionen und Organisationen, in sinnstiftenden und sinnvermittelnden Gemeinschaften.

5. Schlußbemerkung

Wenn Jean-Jacques Rousseau in seinem Werk „Der Gesellschaftsvertrag" schreibt: „Gäbe es ein Volk von Göttern, so würde es sich demokratisch regieren. Eine so vollkommene Regierung paßt für Menschen nicht"[86], so bedeutet dies, daß der Mensch immer mehr „vergöttlicht", d.h. verbessert und veredelt werden muß, soll Demokratie als Staats- und Lebensform das *Ziel der humanen Lebensbewältigung* erreichen. So bleibt die Demokratie immer ein *Auftrag* an den Menschen, ein Auftrag zu stets neuer Ausgestaltung und Durchdringung mit humanen Werten.

---

[86] Rousseau, Der Gesellschaftsvertrag 76

IV. CHRIST IN DER POLITIK: PROBLEME UND CHANCEN DER CHRISTLICHEN GESTALTUNG DER POLITIK

1. Orientierungen der christlichen Soziallehre für eine menschengerechte Politik als eine Chance der Christen in der Politik

Eine der Eigentümlichkeiten des Menschen im politischen Leben ist die *politische Schizophrenie*, die Diskrepanz zwischen Anspruchsdenken und Leistungswillen, zwischen dem Hang zum Fordern und der Bereitschaft zum Geben. Damit der christliche Glaube und die darauf aufbauende christliche Soziallehre nicht den Eindruck erwecken, sie träten vom akademisch grünen Tisch an die im politischen Alltag sich Strapazierenden und Strapazierten heran, um sich in die Reihe der Forderer einzugliedern, ohne ihnen auch entsprechende Hilfe zu bieten, will ich zunächst versuchen, einige *Chancen des Christen in der Politik* dadurch aufzuzeigen, daß ich einige Orientierungen der christlichen Soziallehre für eine menschengerechte Politik herausarbeite.

Wenn es wahr ist, daß das Evangelium von Jesus Christus als dem Gekreuzigten und Auferstandenen samt seinen Forderungen zur Opfer- und Kreuzesnachfolge doch letztlich *Frohbotschaft* ist, dann muß sich die auf diesem Evangelium aufbauende christliche Soziallehre in ihrer *befreienden Dimension* für den Menschen und für die Menschheit zeigen, dann muß sich diese Lehre auch auf dem Feld des Politischen als Lebenswissen und als Lebenshilfe erweisen, wenn auch gleich hinzugefügt werden muß, daß dies weniger im Bereitstellen konkreter Rezepte als vielmehr im *Aufzeigen von Sinn- und Handlungshorizonten* erfolgen kann. In diesem Sinn seien im folgenden für die politisch tätigen Bürger/innen und Funktionäre/innen einige Orientierungsdimensionen aufgezeigt.

1.1 Der Glaube an den christlichen Sinn der Geschichte als Orientierungshilfe in der Politik[87]

Wer einigen Einblick in die Realität politischen Lebens besitzt und daher die Redeweise von der Politik als einem schmutzigen Geschäft versteht, wenn er dies auch nicht nachredet, der ist auch als Christ sicherlich öfters versucht, entweder zu resignieren und sich sozusagen auf das reine Feld des Evangeliums zurückzuziehen oder die Politik als hartes Geschäft eventuell auch im Sinn der von Götz Briefs beschriebenen Grenzmoral mit dem Ziel der Optimierung der Vorteile für sich und die Seinigen zu betreiben. Was dabei herauskommt, dafür liefert nicht zuletzt auch die jüngere politische Geschichte genügend Beispiele. Wer am sozialethischen Ziel der Politik, nämlich am *Gemeinwohl* bzw. an der Politik als *Dienst an den Menschen* festhalten will, braucht eine *umfassendere Orientierung*, um auch bei der oft mühevollen, mit Rückschlägen behafteten und enttäuschenden Arbeit im politischen Leben einen Sinn zu finden.
Der politisch aktive Christ weiß, daß Gott der Herr und Vollender der Geschichte den nach sinem Bild und Gleichnis geschaffenen Menschen zum *schöpferischen und partnerschaftlichen Gestalten der Geschichte*, auch der politischen, berufen hat. Er weiß, daß Gott zu dieser Welt ja gesagt hat, im Wort der Schöpfung und noch mehr im Wort, das Fleisch geworden ist und unter uns gewohnt hat (vgl. Joh 1, 14). Er weiß folglich, daß es einen *Sinn* hat, ebenfalls ja zu sagen

---

[87] Vgl. hiezu auch Kasper, Die Verantwortung der Christen 24f

zur Wirklichkeit unseres Lebens, mag dieses noch so bedroht und vergeblich erscheinen; ja zu sagen zu dem, was der politisch Tätige seine Arbeit nennt: zum dauernd mühsamen Prozeß eines gerechten Ausgleichs der Chancen und Lasten in unserer Gesellschaft, auch wenn solches nicht immer honoriert wird; zu dem nervenaufreibenden Geschäft der Politik, im Kontext einander widerstreitender Interessen, unvermeidlicher Polemik, mit viel Unwissen, Halbwissen und Bosheit ringend, doch so etwas wie ein Stück Ordnung und Recht zu schaffen, das dem Menschen ein Leben in Würde ermöglicht.

In der Mühsal politischen Lebens darf der Christ *hoffen*, daß die Vollendung der Geschichte, auch der politischen, Gottes alleinige Tat ist, daß Ungerechtigkeit, Gewalt, Undank, Lüge und Tod nicht das Letzte sind, sondern daß die *Verheißung des Friedens, der Gerechtigkeit und des Lebens* endgültig ist. Solche Hoffnung erweist sich als das Gegenteil des passiven Erduldens von Elend, Not und Ungerechtigkeit, sie ist nicht billige Vertröstung auf das Jenseits, aber auch nicht auf das Diesseits; vielmehr ist sie dynamische Kraft, die versucht, alle geschichtlichen Verhältnisse zu vermenschlichen.

1.2 Der Glaube an den Menschen und seine Personwürde als Orientierungshilfe in der Politik

Das *Verbalbekenntnis* zum Menschen als dem Ziel der Politik ist heutzutage allgemein anzutreffen. Freilich dient solches Bekenntnis leider oft nur dem Bemühen um Wählerstimmen und der Rechtfertigung politischer Machtansprüche. Der politisch aktive Christ, als einfacher Bürger und als Funktionär, weiß um den *wahren Wert und die wahre Würde des Menschen*. Sie gründet für ihn in der Tatsache, daß der Mensch nach dem *Bild und Gleichnis Gottes* geschaffen ist, daß er *Bruder bzw. Schwester Jesu Christi* ist, der um des Heiles dieses Menschen willen den Erlösertod auf sich genommen hat, so daß der Christ mit dem Galaterbrief sagen kann: Ich lebe „im Glauben an den Sohn Gottes, der mich geliebt und sich für mich hingegeben hat" (Gal 2, 20). Diese Würde des Menschen gründet nicht zuletzt in der Tatsache, daß der Mensch nach der Lehre des Christentums zur Teilnahme am Leben des Dreifaltigen Gottes berufen ist. So lautet denn auch nach den Worten Papst Johannes XXIII. der oberste Grundsatz der katholischen Soziallehre, daß „der Mensch der Träger, Schöpfer und das Ziel aller gesellschaftlichen Einrichtungen sein muß. Und zwar der Mensch, sofern er von Natur aus auf Mit-Sein angelegt und zugleich zu einer höheren Ordnung berufen ist, die die Natur übersteigt und diese zugleich überwindet". (Mater et Magistra Art. 219) Solch hoher Stellenwert der Person und ihrer Würde konkretisiert sich für eine christlich orientierte Politik in weiteren Imperativen, von denen im folgenden einige eigens hervorgehoben werden sollen:

a) Die Würde der menschlichen Person wird eine christlich orientierte Politik bezeugen *im Eintreten und in der Parteinahme zugunsten der Entrechteten und Diskriminierten, der Ausgestoßenen und der Deklassierten, der Armen, Kranken und Hungernden, der Ungeborenen, der Kinder und der Greise, der körperlich und geistig Behinderten, kurz der „Mühseligen und Beladenen"*. Sei es nun das Weltproletariat oder seien es die neuen Armen in den Industrienationen - vielfach handelt es sich dabei um Arme und Schwache, deren Anliegen und Bedürfnisse auf den politischen Märkten durch keine mächtigen Organisationen vertreten werden oder deren Anliegen und Bedürfnisse in ökonomischen Zuteilungsprozessen keinen oder einen sehr geringen Kurswert besitzen.

b) Der hohe Stellenwert der menschlichen Person verpflichtet christliche Politik und ihre Praktikanten zum besonderen *Engagement für die Verwirklichung der Menschenrechte*, deren Problematik und Tragik derzeit darin liegen, daß sie wohl einigermaßen Eingang gefunden haben in die Rechtsdokumente der Völkergemeinschaft, aber noch sehr spärlich in das Leben dieser Völkergemeinschaft, sei es, daß sie von ideologischen Gesellschaftssystemen in ihrer Systeminterpretation ihres eigentlichen Gehaltes beraubt werden, sei es, daß sie überhaupt nur auf dem Papier bleiben.

c) Die Bedeutung der Person für eine christlich orientierte Politik zeigt sich ferner in der Forderung nach dem *Vorrang der Ethik vor der Technik und vor der Ökonomie*. Was von der christlichen Lehre immer schon betont wurde und vom derzeitigen Papst immer wieder herausgestrichen wird, das kommt in seiner vollen Bedeutung angesichts der enormen Bedrohungen der Menschheit durch die Produkte nicht nur der Waffentechnik oder der Gentechnik immer mehr zum Bewußtsein: Der Mensch darf nicht alles tun, was er technisch könnte und ökonomisch möchte. Es handelt sich also hier nicht um ein von Zeit zu Zeit wiederkehrendes moralisches Raunzen, wie leider ein Politiker die Besorgnis um Rüstungsexporte einmal bezeichnet hat, sondern solches Rufen nach der Ethik ist Ausdruck einer verantwortungsvollen Haltung für die Menschen.

d) Die vorrangige Beachtung der Person konkretisiert sich für eine christlich orientierte Politik weiters in dem *Vorrang der Arbeit vor allen anderen Faktoren des wirtschaftlichen Lebens*, insbesonders auch des Kapitals, weil die Arbeit unmittelbar Ausfluß der Person ist, die übrigen Produktionsfaktoren hingegen nur werkzeuglicher Art sind. Von diesem Ideal ist freilich die Welt heute noch weit entfernt. Allzu sehr regieren noch das Kapital und die Technik die Welt der

Arbeit und der Wirtschaft. Als besonders dringlich seien hervorgehoben: die gerechte Verteilung der Arbeit nicht nur in den Industrieländern, sondern vor allem auch für die Menschen in den Ländern der Dritten und der Vierten Welt; Mitbestimmung, Mitverantwortung und Gewinnbeteiligung für die tatsächlich im Produktionsprozeß Stehenden; und nicht zuletzt Humanisierung der Arbeitswelt im Sinne einer Gestaltung in Richtung auf mehr Möglichkeit zur Selbstverwirklichung in der Arbeit.

e) Ein anderer Konkretisierungsimperativ der Betonung der Person für eine christliche Politik ist der notwendige *Einsatz für die Würde, die Stellung und die Rechte der Frau.* Um dem gerecht zu werden, wird eine christlich orientierte Politik einen differenzierten und mutigen Weg zwischen einem ideologisch fixierten Emanzipationsstreben und einem Status-quo-Beharren suchen müssen, einen Weg in Richtung einer wahren Emanzipation, die das Maß der Frau nicht am Mann, vielmehr an ihrer Eigenart als Bild und Gleichnis Gottes nimmt, einer Eigenart, die zu entfalten und zu vervollkommnen auch für die humane Zukunft der ganzen Menschheit von nicht hoch genug einzuschätzender Bedeutung sein wird.

f) Schließlich erweisen sich die *Sozialprinzipien* des *Gemeinwohls* mit dem Zentralwert des *Friedens,* der *Solidarität* und der *Subsidiarität* mit der besonderen Stellung der *Familie* als wichtige Orientierungen einer menschengerechten Politik, weil diese Prinzipien der sozialen Dimension der menschlichen Person gerecht zu werden trachten und diese Person von kollektivistischer Überfremdung wie vor individualistischer Verkürzung zu schützen versuchen.

1.3 Der Glaube an die Macht der Wahrheit, der Gerechtigkeit und der Liebe als Orientierungshilfe in der Politik

Politik kann man, wie schon gezeigt, als interessengeleiteten Kampf um die rechte Ordnung mit den Mitteln der *Macht* definieren. Versteht man unter Macht mit Max Weber „jede Chance, innerhalb einer sozialen Beziehung den eigenen Willen auch gegen Widerstreben durchzusetzen, gleichviel worauf diese Chance beruht"[88], dann begreift man, daß eine solche Chance auf einem breiten Spektrum von Möglichkeiten beruht, angefangen von Vorzügen des Geistes bis zu der radikal-vereinfachenden Technik des physischen und psychischen Zugriffs gegen die Person, wie dies bei der *Gewalt* als einer brutalen Form der Macht der Fall ist. Soll Politik eine menschengerechte sein, müssen immer mehr die brutalen Formen der Macht durch die humanen Formen überwunden werden. Freilich darf man dabei eines nicht vergessen: Soll der einzelne unter dem täglichen Druck politischer Grenzmoral, verlogener Taktik und haßerfüllter Propaganda sich seinen Glauben an die Macht der Wahrheit, der Gerechtigkeit und der Liebe auch in der Politik bewahren, so bedarf er einer schützenden Gesinnungsgemeinschaft, deren Ethos ihn stärkt und begleitet. Denn auf dem Feld der Politik, welche Carl Schmitt[89] als Freund-Feind-Verhältnis definiert hat, die Macht der *Liebe* walten lassen zu wollen, ist ein Unternehmen, zu dem man viel Mut braucht. Dennoch ist eine solche Ausrichtung eine spezifisch christliche, da doch die Liebe die Grundweisung neutestamentlicher Botschaft oder, anders gesprochen, das Hauptgebot des Christentums ist.

---

[88] Weber, Wirtschaft 28
[89] Schmitt, Der Begriff 26

1.4 Eine ideal ausgerichtete, aber mit realitätsgerechten Stufenimperativen versehene politische Ethik als Orientierung gegen Moralismus, Rigorismus und negative Utopiefixiertheit

Eingangs soll der Text eines Liedes zitiert werden:

"Brüder in Zechen und Gruben
1. Brüder in Zechen und Gruben, Brüder, ihr hinter dem Pflug, aus den Fabriken und Stuben: Folgt unsres Banners Zug!
2. Einst kommt der Tag der Rache, einmal, da werden wir frei! Schaffendes Deutschland, erwache! Brich deine Ketten entzwei.
3. Dann laßt das Banner fliegen, daß unsre Feinde es sehn, immer werden wir siegen, wenn wir zusammenstehn.
4. Hitler treu ergeben, treu bis in den Tod! Hitler wird uns führen einst aus dieser Not."[90]

Ich habe dieses alte Kampflied der SA zitiert, weil sich darin eine *Vision* manifestiert, und zwar die Vision des 1000jährigen Reiches Adolf Hitlers. Solche Lieder haben, wie sich einige vielleicht noch erinnern werden, seinerzeit eine Faszination auf nicht wenige Menschen auch in unserer Heimat ausgeübt. Ich habe dieses Lied zitiert, weil auch in christlichen Kreisen oft die Rede davon ist, man brauche Visionen. Nun will ich nicht so boshaft sein wie der ehemalige österreichische Bundeskanzler Franz Vranitzky, der in solchem Zusammenhang einmal gesagt hat, wer Visionen habe, brauche einen Arzt. Ich will vielmehr im Zusammenhang mit den Visionen ein Zweifaches betonen:

---

[90] Unser Liederbuch 9

- erstens daß es vor allem darauf ankommt, jene Gabe der *Unterscheidung der Geister* zu besitzen, auf Grund welcher man die gefährlichen von den heilvollen, die negativen von den positiven Visionen rechtzeitig zu unterscheiden vermag;
- und zweitens will ich betonen, daß es wichtig ist, daß die positiven Visionen durch *realitätsgemäße Stufenimperative* konkretisiert werden und so rechtzeitig „Hände und Füße" bekommen.

Bei all dem vermag nun der christliche Glaube Orientierung zu bieten. Denn die christliche Vorstellung vom *Reich Gottes* als einem Reich der Gerechtigkeit, der Liebe und des Friedens ist auch im Lebensbereich der Politik eine positive Vision. Diese Reich-Gottes-Idee mit den dynamisierenden Momenten der Gerechtigkeit, der Liebe und des Friedens vermag für den Lebensbereich der Politik viele humanisierende Orientierungsaspekte einzubringen. Vergißt man aber die dieser christlichen Idee notwendig innewohnende *eschatologische Spannung* zwischen dem Schon und dem Noch-Nicht, kann es zu einer ungeduldigen, gleichsam gewaltsamen und gefährlichen Abkürzung des Weges kommen, auf dem schließlich das Ziel vereitelt bzw. verraten wird. So muß eine wirklich humane Ethik, wie sie die hier vertretene Sozialethik sein will, diese Spannung aushalten, sie muß vor allem neben *hohen Zielimperativen realitätsgemäße Stufenimperative* als Wegmarkierungen zu diesen hohen Zielen formulieren. Dabei ist beides wichtig: Die visionären Zielimperative sind wichtig, um sich nicht mit ungerechten Status-quo-Verhältnissen abzufinden und um die Entwicklung zu immer Besserem hin im Auge zu behalten. Die kompromißhaften Stufenimperative sind wichtig, um nicht zu resignieren und zu verzweifeln, sondern das hier und jetzt Mögliche zu tun. Solche Stufenimperative besitzen dann naturgemäß nicht den Vollkommenheitsgrad wie die Zielimperative. Im ganzen gesehen ist es aber besser, solche Stufenimperative als Wege zu hohen Zielen zu formulieren, als nur die hohen Zielimperative gelten zu lassen, denen nur Helden und Heilige im direkten Weg gerecht werden könnten. Johannes Messner schreibt für unseren Themenzusammenhang mit Recht: „Eine weitere Folgerung aus unserer früheren Erörterung des Gemeinwohls besteht darin, daß das Gemeinwohl in seiner tatsächlichen Gestalt nie mehr als einen Näherungswert darstellt. Darum *kann die Staatsräson gebieten, das Unvollkommenere zu tun, um das Vollkommenere nicht unmöglich zu machen*, also das unter den gegebenen Umständen für das Gemeinwohl Zweckdienlichste zu tun. Die Staatsräson gebietet daher die *Realpolitik*, d.h. eine Politik des Möglichen"[91].

Ein Beispiel für das hier Gemeinte ist das *Gewaltlosigkeitsgebot der Bergpredigt*. Als Zeichen der Ankunft des Reiches Gottes als eines Reiches der Gerechtigkeit, der Liebe und des Friedens ist es eine faszinierende Idee und ein faszinierendes Gebot. Im Abkürzungsweg absolut verpflichtend gefaßt und verwirklicht, läuft es aber Gefahr, auf Kosten der Armen und Schwachen und damit gegen die Intention Jesu verstanden zu werden; abgesehen davon, daß es infolge der einladenden Wirkung der Wehrlosigkeit auf Aggressoren eine Art *Spirale der Gewalt* in Gang setzen könnte. Innerstaatlich würde ohne jegliche Polizeigewalt die Spirale verbrecherischer Gewalt zu laufen beginnen; international scheint seinerzeit infolge des nicht rechtzeitig erfolgten, effektiven Widerstandes auch gewaltsamer Art gegen Hitler die Gewaltspirale des Zweiten Weltkrieges in Gang gesetzt worden zu sein. An der Tatsache, daß es eine Spirale der Gewalt infolge fehlender effektiver Widerstandsgewalt geben kann bzw. gibt, ändert auch die Tatsache nichts, daß es auch eine Spirale der Gewalt bei Gegengewalt geben kann bzw. gibt, wobei die Frage zu klären wäre, unter welchen weiteren Bedingungen sich die eine und unter welchen wei-

---

[91] Messner, Das Naturrecht 918

teren Bedingungen sich die andere Gewaltspirale zu drehen beginnt. Worauf es hier ankommt, ist die Tatsache, daß das radikale Gewaltlosigkeitsgebot der Bergpredigt im Sinne des Gesamtkontextes der Bibel näherer Stufen- bzw. Annäherungsimperatve bedarf. Konkret sind das: der Imperativ der *Gewaltminimierung,* der Imperativ der *Schutzoptimierung* besonders für die Armen und Schwachen; die Imperative der *Gerechtigkeit und Liebe* als Existenzbedingungen der Gewaltlosigkeit und dergleichen mehr.

Trefflich hat dieses Anliegen des notwendigen *politischen Kompromisses* Kardinal Joseph Ratzinger ausgedrückt, wenn er formulierte: „So ist es der erste Dienst des christlichen Glaubens an die Politik, daß er den Menschen von der Irrationalität der politischen Mythen befreit, die die eigentliche Bedrohung unserer Zeit sind. Zur Nüchternheit zu stehen, die das Mögliche tut und nicht mit heißem Herzen nach dem Unmöglichen schreit, das ist freilich immer wieder schwer; die Stimme der Vernunft ist nicht so laut wie der Schrei der Unvernunft. Der Schrei nach dem ganz Großen hat den Ruch des Moralischen; die Beschränkung auf das Mögliche scheint dem gegenüber die Absage an die Leidenschaft des Moralischen und der Pragmatismus der Kleinmütigen zu sein. Aber in Wahrheit besteht die politische Moral gerade darin, der Verfügung [sic!] der großen Parolen zu widerstehen, über denen die Menschlichkeit und ihre Chancen verspielt werden. Nicht der abenteuerliche Moralismus ist moralisch, der die Sachen Gottes selber tun will, sondern die Redlichkeit ist es, die die Maße des Menschen annimmt und in ihnen das Werk des Menschen tut. Nicht die Kompromißlosigkeit, sondern der Kompromiß ist in den politischen Dingen die wahre Moral"[92].

---

[92] Ratzinger, Kirche 138f

2. Zehn Gebote zur positiven Auflösung der Spannung von Politik und Moral

Soweit einige Orientierungen der christlich gläubigen Vernunft für die Gestaltung der Politik. Was der politisch tätige Mensch dabei vor allem auch braucht, das ist bereits angeklungen und muß noch einmal betont werden, und zwar eine *tragende Gemeinschaft*, die solche Orientierungen kultiviert, hochhält und vermittelt. Eine solche Gemeinschaft kann eine Familie sein, ein Freundeskreis, ein Berufsverband, ein Gesinnungskreis oder ähnliches. Wichtig ist besonders heutzutage eine so gelebte Gesinnungsgemeinschaft deshalb, weil in der wertpluralen Gesellschaft von heute die Orientierung für den einzelnen zunehmend schwieriger wird und weil es gerade in der Politik noch viel schwieriger als im Privatleben ist, ethisch einwandfrei zu handeln. Letzteres ist augenfällig: Nicht nur Meinungsumfragen belegen diese Diskrepanz zwischen Politik und Ethik, die ganze Geschichte bis in die jüngste Gegenwart am Balkan, in Afrika oder sonstwo ist ein eindeutiger Beweis dafür, daß Politik und Ethik Begriffe zu sein scheinen, die einander widersprechen.
- Schon die Wortgeschichte des Begriffes Politik läßt eine Diskrepanz zum Begriff Moral erkennen. Wie Michael Freund[93] darstellt, wurde das Wort „politisch" im Abendland ursprünglich im Sinne von schlau, verschlagen, durchtrieben, „machiavellisch" gebraucht. Im Oxford Dictionary wird das Wort Politiker zum erstenmal im folgenden Satz belegt: „Das Dorf war rasch entvölkert. Denn der Teufel ist ein guter Politiker."[94]
- In Goethes Faust heißt es: „Ein garstig Lied! Pfui! ein politisch Lied!"

---

[93] Freund, Politik 356
[94] Zit. nach: ebenda 356

- Eine der Überschriften in Lothar Bossles Schrift „Das Gewissen in der Politik" lautet: „Die Politik - ein Seinsbereich der Gewissenlosigkeit."[95]
- Als ich jemanden aus meinem Bekanntenkreis fragte, was ihm beim Thema „Politik und Moral" einfalle, erhielt ich zur Antwort: „Die zwei Dinge haben in der Realität miteinander nichts zu tun."

Wenn gerade auch die letzte Aussage als Tatsacheneinschätzung zu pessimistisch und überzogen ist, so zeigt sich darin doch eines: daß nämlich die Moral in der Politik keinen leichten Stand hat.

Erwähnenswert ist in diesem Zusammenhang, daß man in der politikwissenschaftlichen Theorie davon spricht, daß es in der Politik das Wirken des sogenannten *Greshamschen Gesetzes*[96] gebe. Das ursprüngliche Greshamsche Gesetz wurde für die Geldtheorie formuliert und besagt: Wenn zwei Zahlungsmittel, die in einem festen Austauschverhältnis zueinander stehen, das nicht ihrem tatsächlichen Wert entspricht, umlaufen, so wird das wertvollere Zahlungsmittel zusehends mehr zurückgehalten und gehortet und das wertlosere immer mehr für Transaktionszwecke eingesetzt. Das schlechte Geld verdrängt das gute. In Entsprechung dazu stellen die Autoren Geoffrey Brennan und James M. Buchanan[97] die These auf, daß in der Politik moralisches Handeln vom unmoralischem verdrängt wird. Dafür werden verschiedene Argumente angeführt, u.a. folgende[98]:

1. Ein Politiker, der sein Ziel, eine gewichtige politische Position, die er anstrebt, verfehlt, hat sehr viel an Geld, Macht, Prestige etc. zu verlieren. Nun kann es in nicht wenigen po-

---

[95] Bossle, Das Gewissen 31
[96] Vgl. dazu Leschke, Das Greshamsche Gesetz
[97] Vgl. dazu Brennan/Buchanan, Die Begründung 80ff
[98] Vgl. dazu Leschke, Das Greshamsche Gesetz 196 und Brennan/Buchanan, Die Begründung 85f

litischen Entscheidungssituationen sehr verlockend sein, *kurzfristig populäre* Entscheidungen zu vertreten. Dies wird besonders dann der Fall sein, wenn für weite Teile der Bevölkerung die damit verbundenen Kosten, die oft erst viel später anfallen und sich dazu noch auf viele verteilen, nicht bekannt sind. In einer solchen Situation muß das Gewissen schon sehr ausgebildet sein, um einen Politiker zu veranlassen, moralisch zu handeln.

2. Politiker sind heute vielfach *Berufspolitiker*. Solche haben sich meist innerhalb einer Parteienhierarchie „hochdienen" müssen. Dabei sind weniger Fachkompetenz oder langfristiges konzeptionelles Denken gefragt, vielmehr steht der Berufspolitiker in unterschiedlichen Bereichen unter dem Druck, sich in kurzer Zeit relativ schnell eine hohe Popularität zu verschaffen. Dafür bedarf es eines besonderen Menschentyps: Solche Menschen sind eher von Macht, Geld und Prestige geleitet als von dem Wunsch, ihrem Gewissen zu folgen und sich aus diesem heraus für Gerechtigkeit einzusetzen. Innerhalb der Parteien erfolgt also der Tendenz nach eine *Auswahl zuungunsten moralischer Personen*.

3. Wenn es nun eine *Folge von Selektionsprozessen* von Parteien ist, daß der Anteil moralischer Personen in der Politik gedrückt wird und wenn die Anreize, unmoralisch zu handeln, oft stark sind, so ist es unwahrscheinlich, daß die Personen, deren Gewissen ausgebildet ist, sich auch gemäß ihrer „inneren Stimme" verhalten und moralische Ziele verfolgen. Es kommt also innerhalb der Parteienkonkurrenzdemokratie allzuleicht zu einer Verdrängung moralischen Verhaltens durch unmoralisches.

Martin Leschke kommt so zum Schluß: „Dieses Greshamsche Gesetz in der Politik führt dazu, daß in vielen Bereichen eine Politik der sukzessiven Erfüllung von Gruppenwünschen Vorrang vor einer konzeptionellen Gemeinwohlpolitik hat. Politikbereiche, die Spuren eines verbreiteten Lobbyis-

mus aufweisen, sind z.B. die Steuer- und Sozialpolitik, die Subventionspolitik und auch die Umweltpolitik."[99]
Und dann fragt sich Leschke, wie es sich vor diesem Hintergrund erklären lasse, daß in demokratischen Gesellschaften überhaupt *Gemeinwohlpolitik* betrieben werde. Seine Antwort: „In relativ gut funktionierenden Demokratien existieren nicht nur politische Parteien und Pressure-groups zur Organisation des politischen Willens. Es existieren auch von der Tagespolitik unabhängige Institutionen wie Wettbewerbsbehörden, Sachverständigenräte, Zentralbanken oder auch die Wissenschaft, die durch ihre Aufklärungsarbeit der permanenten Erfüllung kurzfristiger kollektiver Interessen auf Kosten der Allgemeinheit entgegenwirken. Mit steigendem Aufklärungserfolg wird es für einen an Stimmenmaximierung interessierten Politiker immer attraktiver, selbst Gemeinwohlvorschläge zu unterbreiten, die von den Bürgern entsprechend gewürdigt werden."[100] Sollten die Vertreter etablierter Parteien nicht auf die Mahnungen unabhängiger Institutionen, die von großen Bevölkerungsteilen akzeptiert werden, reagieren, so steht es dem problembewußten Bürger offen, eine Partei zu gründen und so in den Wettbewerb um Wählerstimmen einzutreten.

Was nun die in unserem Thema artikulierten Probleme der christlichen Gestaltung der Politik betrifft, so muß man zunächst einmal festhalten, daß die eben angeführten allgemein moralischen Probleme der Politik auch die einer christlichen Gestaltung der Politik sind, und man darf noch hinzufügen, daß diese *Probleme der mangelnden Moral* die christliche Gestaltung der Politik in ganz besonderer Weise treffen und betreffen. Denn seit der Menschwerdung Gottes in Jesus Christus sind die an diese Menschwerdung Glaubenden in ganz besonderer Weise auch dem irdischen Wohl ihrer Mit-

---
[99] Leschke, Das Greshamsche Gesetz 196
[100] Ebenda 196

menschen verpflichtet, einem Wohl, dem in besonderer Weise die Weisungen einer allgemein humanen und einer christlich humanen Ethik dienen wollen. Freilich, das muß auch gleich hinzugefügt werden, auf dem oft steinigen Boden der Politik wird es oft schon viel bedeuten, wenn es gelingt, durch Zusammenarbeit aller Gutgesinnten das *Spannungsverhältnis* zwischen Politik und Ethik zu entschärfen bzw. die Kluft zu verringern. In diesem Sinn sollen nun zehn Spannungsfelder zwischen Politik und Ethik mit den dazugehörenden Entspannungsgeboten artikuliert werden[101], und zwar:

1. Spannungsfeld: Politik ist vornehmlich von Partikularinteressen, von Einzel-, Partei- und sonstigen Gruppeninteressen bestimmt, die Ethik hingegen betont den Vorrang der Gemeinwohlinteressen.
1. Gebot der politischen Ethik: Vereine das Eigeninteresse mit dem Gemeinwohlinteresse!

2. Spannungsfeld: Politik ist bestimmt von der Macht in ihren verschiedensten Formen, auch von brutalen, in der Ethik dominieren hingegen andere Werte, nämlich Freiheit, Gerechtigkeit, Gewaltlosigkeit, Liebe und Frieden.
2. Gebot der politischen Ethik: Strebe nach Macht, stelle sie aber in den Dienst der Gerechtigkeit und der Liebe!

3. Spannungsfeld: In der Politik zählt der Erfolg, in der Ethik hingegen nimmt die Treue zum Gewissen einen vorrangigen Platz ein.
3. Gebot: Suche den Erfolg, verrate dabei aber nicht dein Gewissen!

---

[101] Vgl. dazu Zsifkovits, Politik

4. Spannungsfeld: In der Politik herrschen oft Feindbilder vor, die Ethik hingegen betont die Verpflichtung zur umfassenden Liebe, zur Geschwisterlichkeit und zum Frieden.
4. Gebot: Sieh im Gegner, in der Gegnerin, im Feind und in der Feindin eine(n) mögliche(n) Bruder (Schwester) und Freund/in!

5. Spannungsfeld: In der Politik gibt es eine Tendenz zur Abschwächung der Moral, was zur Grenzmoral führen kann, die Ethik hingegen ist als hohe Zielethik mit realitätsgemäßen Stufenimperativen konzipiert.
5. Gebot: Widerstehe der Grenzmoral nach unten und vergiß nicht die Möglichkeit einer Grenzmoral nach oben!

6. Spannungsfeld: Die Politik ist ein Tummelplatz für Vorurteile, Verschleierungen, Halbwahrheiten und Lügen, die Ethik hingegen lebt von der Wahrheit, Wahrhaftigkeit und Ehrlichkeit.
6. Gebot: Bleibe bei Reden und Versprechungen der Wahrheit treu!

7. Spannungsfeld: Politik, vor allem wie sie über die Massenmedien vermittelt wird, ist von Sensationslust geprägt, der Ethik aber geht es um Seriosität.
7. Gebot: Sei als Politiker/in medienfreundlich, aber nicht medienhörig, als Journalist/in medienverantwortlich, als Konsument/in medienkritisch!

8. Spannungsfeld: In der demokratischen Politik entscheidet die Mehrheit, in der Ethik hingegen zählt die vorrangige Option für die Armen und damit auch für die Minderheit, insofern ihre Bedürfnisse berechtigt sind.
8. Gebot: Sei Anwalt/Anwältin der Armen, Schwachen und Benachteiligten, auch wenn diese die Minderheit darstellen.

9. Spannungsfeld: Die Politik kreist allzusehr um materielle Güter, in der Ethik geht es wesentlich um Sinngehalte und immaterielle Werte.
9. Gebot: Strebe materielle Güter so an, daß Du dabei immaterielle Werte nicht verletzt, sondern begünstigst!

10. Spannungsfeld: In der Politik richtet man sich manches allzu schnell, die Ethik hingegen verlangt die Gestaltung der Wirklichkeit nach Sinngehalten und Zielen.
10. Gebot: Folge auch in der Wirklichkeit des politischen Lebens positiven Grundsätzen, die Deinem politischen Wirken Sinn und Ziel geben!

Soweit die zehn Spannungsfelder mit den zehn Geboten, womit sich Probleme und Orientierungen einer christlichen Gestaltung der Politik auch benennen lassen. Was dabei nicht vergessen werden darf, ist dies: daß Politik Sache nicht nur der Politiker, sondern aller Bürger und Wähler ist, ja *Angelegenheit des ganzen Volkes*. Denn einmal rekrutieren sich die politischen Funktionäre aus dem Volk und aus dessen moralischem Reservoir, sodann ist es zumindest in einer Demokratie so, daß diese Funktionäre vom Volk gewählt, belohnt oder nicht belohnt werden, so daß in einem gewissen Sinn für Demokratien der Satz gilt, daß das Volk die Politiker hat, die es verdient. Um es an einem Beispiel zu illustrieren: Wenn ein Volk die Verlogenheit einer Politik nicht durchschaut und die ehrliche Politik bestraft wird, dann liegt die Schuld eindeutig auch bei der politischen Unreife der Wähler, so daß Niccoló Machiavelli recht behält mit seiner Bemerkung, wenn er schreibt: „Jeder sieht ein, wie lobenswert es für einen Herrscher ist, wenn er sein Wort hält und ehrlich, ohne Verschlagenheit seinen Weg geht. Trotzdem sagt uns die Erfahrung unserer Tage, daß gerade jene Herrscher Bedeutendes geleistet haben, die nur wenig von der

Treue gehalten und es verstanden haben, mit Verschlagenheit die Köpfe der Menschen zu verdrehen; und schließlich haben sie über die die Oberhand gewonnen, die ihr Verhalten auf Ehrlichkeit gegründet haben."[102]

3. Erneuerung der politischen Kultur als wichtige Aufgabe

Teils wiederholend, teils ergänzend, teils zusammenfassend sollen nun einige Bemerkungen zur Erneuerung der politischen Kultur gemacht und so von dieser Seite Möglichkeiten einer menschengerechten, menschenwürdigen und christlich inspirierten Politik angedeutet werden.

1. *Politische Kultur*[103] ist ein Modebegriff, und dieser wird in der Sprache der Politiker meist mit "*politischem Stil*" gleichgesetzt. Vor allem ist damit die Einstellung zum politischen Gegner und die Form der Auseinandersetzung mit ihm gemeint.
Bleiben wir zunächst einmal bei dieser Begriffsbedeutung von politischer Kultur. Sie ist ein wichtiger Ansatzpunkt dessen, was die politische Kultur ausmacht, vor allem dann, wenn dieser politische Stil Ausdruck und Ausfluß tiefer liegender und grundlegender *humaner Werte* ist. Denn ein bloßer Stil kann ja auch oberflächlich, leer, unehrlich und hinterhältig sein, man kann sozusagen jemanden auch stilvoll gemein liquidieren. Der *faire politische Stil* wird sich dann als Ausdruck echter politischer Kultur erweisen, wenn man sich auch in der Politik daran erinnert, was das Wesen jeder Kultur ist: nämlich *echte menschliche Wertverwirklichung*[104], vollbracht durch die gestaltende Tätigkeit des

---
[102] Machiavelli, Der Fürst 71
[103] Vgl. dazu Rausch, Politische Kultur
[104] Vgl. dazu Messner, Kulturethik 343

menschlichen Geistes. Daß solche gestaltende Tätigkeit immer wieder dringend nötig ist, wird klar, wenn man sich daran erinnert, daß Politik umschrieben werden kann als interessengeleiteter Kampf um die rechte Ordnung mit Mitteln der Macht.

In diesem Zusammenhang wünsche ich mir eine Politik, in der echte *Gesprächs- und* auch *Streitkultur* herrscht; eine Politik, in der man ehrlich miteinander redet, und nicht aneinander vorbeiredet oder einander niederredet oder gar niederschreit; eine Politik, in der das Vernunftargument dominiert und nicht die demagogisch aufgewiegelte Emotion; eine Politik, die von echter *Toleranz* getragen ist und wo nicht blinder Fanatismus wütet.

Im Zusammenhang mit echter Gesprächs- und Streitkultur wünsche ich mir eine Politik, in der die Wahrheit und Wahrhaftigkeit regieren und nicht die Lüge in ihren verschiedensten Formen. Wie tragisch eine lügendurchsetzte Politik sein kann, sah man z.B. am Jugoslawienkonflikt.

2. Eine Erneuerung der politischen Kultur hat sich zunächst einmal auf das *Wesentliche* der *politischen Kultur* zu besinnen. Dieses liegt nicht in irgendwelchen formalen Aspekten des politischen Umgangsstils, sondern im Anschluß an Johannes Messner[105] im Beitrag der Politik zur Lebensentfaltung eines Volkes als ganzen mit dem Grundziel der Persönlichkeitsentfaltung seiner Glieder durch Anteilnahme an dieser Lebensentfaltung auf den einzelnen Lebensgebieten. Politische Kultur ist also nicht ein Mittel zur Beherrschung der Gesellschaft, sondern wesentlich ordnende Aufgabe des menschlichen Geistes und menschliche Wertverwirklichung. Da in der Politik als dem interessengeleiteten Kampf um die rechte Ordnung mit Mitteln der Macht infolge des Druckes materieller Interessen die immateriellen Werte der menschlichen Person mit ihren Konstitutiva der Geistigkeit und der

---

[105] Ebenda 343

Freiheit zu kurz zu kommen drohen, muß eine Erneuerung der politischen Kultur die *Gefährdungen des Humanums* in einer von Materialismus und Ökonomismus beherrschten Politik bewußt machen, wobei selbstverständlich gegen eine entsprechende Berücksichtigung des Materiellen und Ökonomischen in der Politik nicht nur nichts einzuwenden, sondern eine solche zu fordern ist. Eine Erneuerung der politischen Kultur muß mit einer *Pflege besonders der geistigen, sittlichen und religiösen Werte* auf breiter Basis verbunden sein.

3. Eine Erneuerung der politischen Kultur muß weiters das *Gewissen* und seine Verantwortung neu entdecken und rehabilitieren. Dies bedeutet vieles; z.B. auch den Mut, im politischen Leben zur Überzeugung seines Gewissens zu stehen, wenn man dafür auch Nachteile in Kauf nehmen muß; oder lieber seinen Sessel zu räumen, als sein Gewissen zu verraten. Verantwortung des Gewissens heißt dann z.B. auch, in seinem politischen Tun und Wirken aus der Überzeugung heraus zu handeln, daß man nicht nur vor den Wählern, sondern auch vor der Stimme seines Gewissens Rechenschaft ablegen muß. Politische Verantwortung bedeutet in diesem Zusammenhang das Bemühen, durch Politik Antwort zu geben zu versuchen auf die verschiedenen Bedürfnisse und Hilferufe der Menschen, vorrangig der Armen, Schwachen und sonstig Benachteiligten.

Damit solche Gewissensverantwortung politisch belohnt und nicht bestraft wird, muß dem Gewissen im *Alltag der Bürger* und Wähler mehr Raum gegeben werden, als dies allgemein der Fall ist. Überhaupt muß Gewissenhaftigkeit mehr praktiziert als für sich beansprucht werden. So sollte man z.B. als Politiker angesichts politischer Skandale nicht vorschnell und vorlaut verkünden, man habe ein reines Gewissen. Solch vorschnelle und vorlaute Vereinnahmung des Gewissens kann ein Indiz für ein besonders abgestumpftes Gewissen sein.

4. Erneuerung der politischen Kultur bedeutet ferner die *Mobilisierung möglichst vieler junger Menschen für die Politik*. Dazu muß zunächst einmal das Gerede von der Politik als schmutzigem Geschäft ersetzt werden durch Max Webers[106] Sicht der Politik als einer Arbeit, die zu vergleichen ist mit dem Bohren harter Bretter mit Augenmaß und Leidenschaft zugleich. Der Jugendliche, auch der jugendliche Idealist, der gefährdet ist vom Rausch der reinen Werte und der reinen Worte, gefährdet auch von einer gewissen Berührungsangst mit der Realität, soll wissen, daß die Politik *starke Charaktere* braucht, die bereit sind, sich in ausdauernder und geduldiger Arbeit vielleicht wunde Hände und staubige Schuhe zu holen.

5. Erneuerung der politischen Kultur beinhaltet sodann das rechtzeitige programmatische und tatsächliche *Eintreten für die Werte der Zukunft*, besonders für die durch den Augenblicksegoismus gefährdeten. Dies gilt vor allem angesichts einer heute vorherrschenden Gegenwartsorientierung, die nur die Bedürfnisse der hier und jetzt lebenden Generation im Blick hat und damit die Lebensvoraussetzungen für künftige Generationen wesentlich beeinträchtigt.

6. Erneuerung der politischen Kultur bedeutet dann auch die *Pflege und Beherrschung der edlen Formen der Macht zur Überwindung der brutalen Formen*, die Macht des Arguments gegen die Macht des Niederredens, die Macht des persönlichen guten Beispiels gegen die Macht der bloßen Propaganda, die Macht der Gerechtigkeit und der Liebe gegen die Macht des Hasses und der Gewalt, die Macht der dem Guten sich verpflichtet wissenden Freiheit gegen die Macht der Zügellosigkeit. In diesem Zusammenhang ist auch der Diskussionsstil zu überprüfen, der oft darauf angelegt ist, den Diskussionspartner mehr oder weniger elegant niederzureden, ohne auf seine Argumente einzugehen und ohne den

---

[106] Weber, Politik als Beruf 67

Willen, mit dem anderen gemeinsam nach der besseren Lösung zu suchen.

7. Schließlich bedeutet Erneuerung der politischen Kultur eine *Besinnung auf die motivierende und orientierende Kraft von Religion und anderer Sinnstiftung*. Daß diese Besinnung letztlich die einzelnen je für sich leisten müssen und nicht etwa ein hausierender politischer Katholizismus Religion für politische Zwecke mißbrauchen darf, versteht sich hoffentlich von selbst. In solchem Sinnhorizont kann dann auch Politik als eine besondere Form der Nächstenliebe entdeckt, begriffen und praktiziert werden sowie Politik nicht bloß als Beruf, sondern als *Berufung* gelten.

8. Sodann ist bezüglich einer Erneuerung der politischen Kultur noch ausdrücklich festzuhalten, was bisher schon angeklungen ist: daß sie nämlich nur zum Teil von den politischen Parteien und ihren Funktionären geleistet werden kann, wobei es wichtig ist, daß diese vor allem dort ihren Beitrag dazu leisten, wo sie unvertretbar sind. Besonders in der Demokratie hat in einem nicht geringen Ausmaß die Erneuerung der politischen Kultur der *Souverän* zu leisten, das *Volk* bzw. der/die Bürger/in und Wähler/in.

9. Für eine wirksame Erneuerung der politischen Kultur ist es auch wichtig, daß die sinnvollen der immer wieder geforderten und verkündeten *Visionen rechtzeitig "Hände und Füße" bekommen.*

10. Bedenkt man, daß Politik umschrieben werden kann als interessengeleiteter Kampf um die rechte Ordnung mit Mitteln der Macht, dann wird klar, daß für eine Erneuerung der politischen Kultur Thomas von Aquin aktuell bleibt, wenn er sagte: "Es genügt nicht zur Glückseligkeit, daß der Mensch Gott gleiche in Hinsicht auf die Macht, wenn er ihm nicht auch gleicht in Hinsicht auf die Güte."[107]

---

[107] Thomas von Aquin STh I-II, 2,4

4. Schlußbemerkung

Ich habe einiges an christlichen Orientierungen für die Politik aufzuzeigen versucht. Das tat ich auch aus der Überzeugung heraus, daß in der Politik die lautesten Forderungen nichts nützen, wenn es nicht genügend Menschen gibt, die solche Forderungen aus Überzeugung zu leben bereit sind. Angesichts des Schlamassels in der Politik kommt man immer wieder zur Einsicht, daß auch in der Politik die eigentlichen knappen Güter der Menschheit *nicht die materiellen Güter* sind, *sondern die sittlichen Kräfte der Menschen*. Um solche Kräfte zu fördern, bedarf es *möglichst vieler charismatisch begabter, ja prophetischer Menschen*, die in gewissenhafter Verantwortung als Konsumenten und Produzenten der Politik, als einfache Bürger und als Funktionäre, ihren Dienst an der rechten Ordnung leisten, bevor die Narren und die Verführer ihr Geschäft machen. Möge für die Politik nicht gelten, was der 279 n.Chr. verstorbene Rabbi Jochanan ben Nappacha für die Zeit nach der Zerstörung des Tempels in Jerusalem sagte: „Seit den Tagen, da das Heiligtum zerstört wurde, ist die Prophetie den Propheten genommen und den Narren und Kindern gegeben."[108]

---

[108] Rabbi Jochanan ben Nappacha, zit. nach: Dexinger, Die Propheten 411

Literaturverzeichnis

Adorno, Th., Eingriffe. Neun kritische Modelle, Frankfurt/M. 1963
Allgemeine Erklärung der Menschenpflichten, in: Die Zeit, Nr. 41, 3. Oktober 1997, 18
Bardenhewer, O./Schermann, Th./Weymann, K. (Hrsg.), Bibliothek der Kirchenväter. Des Heiligen Kirchenvaters Aurelius Augustinus ausgewählte Schriften. Bd. 1, Kempten 1911
Baumgartner, A., Das Subjekt der Demokratie: Anmerkungen zum Problem politischer Verantwortung, in: Jahrbuch für Christliche Sozialwissenschaften. Bd. 36, Münster 1995, 96-108
Becker, H.-J., Toleranz, in: Staatslexikon, hrsg. v. d. Görres-Gesellschaft. Bd. 5, Freiburg/Br. ^{7}1989, 485-488
Becker, W., Toleranz: Grundwert der Demokratie, in: Ethik und Sozialwissenschaften 8 (1997) 413-423
Berger, P.L., Demokratie und geistige Orientierung. Sinnvermittlung in der Zivilgesellschaft, in: Weidenfeld, W. (Hrsg.), Demokratie am Wendepunkt. Die demokratische Frage als Projekt des 21. Jahrhunderts, Berlin 1996, 450-468
Böckenförde, E.-W., Staat - Gesellschaft - Freiheit. Studien zur Staatstheorie und zum Verfassungsrecht, Frankfurt/M. 1976
Bossle, L., Das Gewissen in der Politik, Osnabrück 1974
Brennan, G./Buchanan, J. M., Die Begründung von Regeln. Konstitutionelle Politische Ökonomie, Tübingen 1993
Briefs, G., Grenzmoral in der pluralistischen Gesellschaft, in: Ders., Ausgewählte Werke. Bd. 1, Berlin 1980, 62-74

Briefs, G., Katholische Soziallehre, Laissez-faire-Liberalismus und soziale Marktwirtschaft, in: Ders., Ausgewählte Werke. Bd.1, Berlin 1980, 125-137

Briefs, G., Zum Problem der „Grenzmoral", in: Ders., Ausgewählte Werke. Bd. 1, Berlin 1980, 51-61

Bruckmann, G., Nisi vis bellum, para pacem!, in: Wiener Blätter für Friedensforschung, Nr. 9/10, Juni 1976, 4-15

Das Bundes-Verfassungsgesetz, in: Ermacora, F. (Hrsg), Österreichische Bundesverfassungsgesetze, Stuttgart ⁷1977, 48-135

Dexinger, F., Die Propheten des Alten Testaments und die heutige Priesterfrage, in: Wort und Wahrheit 26 (1971) 397-411

Festinger, L., Theorie der kognitiven Dissonanz, Berlin 1978 (Originalausgabe: A Theory of Cognitve Dissonance 1957)

Findl, P., Demographische Lage im Jahre 1996, in: Statistische Nachrichten 52 (1997) 812-832

Freund, M., Politik, in: Beckerath, E.v. u.a. (Hrsg.), Handwörterbuch der Sozialwissenschaften. Bd. 8, Stuttgart 1964, 356-371

Für eine Zukunft in Solidarität und Gerechtigkeit. Wort des Rates der Evangelischen Kirche in Deutschland und der Deutschen Bischofskonferenz zur wirtschaftlichen und sozialen Lage in Deutschland, Hannover 1997 (Gemeinsame Texte 9)

Furger, F., Grundwerte, Pluralismus, Demokratie, in: Hierold, A.F./Nagel, E.J. (Hrsg.), Kirchlicher Auftrag und politische Friedensgestaltung. FS für E. Niermann. Militärgeneralvikar 1981-1995, Stuttgart 1995, 103-115

Gablentz, H. u.a., Der Kampf um die rechte Ordnung, Köln 1964

Gehring, A., Toleranz, in: Stimmen der Zeit 95 (1970) 396-405

Geiger, W., Rechtsgehorsam im demokratischen Rechtsstaat - Grund und Grenzen, in: Jahres- und Tagungsbericht der Görres-Gesellschaft 1987, Köln 1988, 49-62

Hamm, B., Menschenrechte in einer interdependenten Welt. Die Suche nach einer Globalethik, in: Messner, D./Nuscheler, F. (Hrsg.), Weltkonferenzen und Weltberichte. Ein Wegweiser durch die internationale Diskussion, Bonn 1996, 141-155

Heitger, M., Diskussionskultur und Abtreibung, in: Die Presse, 12. August 1997, 2

Hollerbach, A., Gerechtigkeit II: Gerechtigkeit und Recht, in: Staatslexikon, hrsg. v. d. Görres-Gesellschaft. Bd. 2, Freiburg/Br. ^{7}1986, 898-903

Huntington, S.P., Der Kampf der Kulturen. Die Neugestaltung der Weltpolitik im 21. Jahrhundert, München ^{5}1997

Kant, I., Die Metaphysik der Sitten. Erster Theil: Metaphysische Anfangsgründe der Rechtslehre, in: Kant's gesammelte Schriften, hrsg. v. d. Königlich Preußischen Akademie der Wissenschaften. Erste Abtheilung: Kant's Werke. Bd. 6, Berlin 1914, 203-372

Kasper, W., Die Verantwortung der Christen und der Kirche für den Menschen, die Gesellschaft und die Menschheit, in: Berichte und Dokumente Nr. 12, hrsg. v. Zentralkomitee der deutschen Katholiken, Bonn/Bad edw

Godesberg 1971, 3-40

„Kirche darf nicht nach links oder rechts kippen", in: Kathpress Nr. 246, 25. Oktober 1997, 5f

Kirchhoff, G., Verantwortung, in: Gutjahr-Löser, P./Hornung, K. (Hrsg.), Politisch-Pädagogisches Handwörterbuch, München ^{2}1985, 462-468

Kluckhohn, C. u.a., Values and Value-Orientations in the Theory of Action, in: Parsons, T./Shils, E.A. (Hrsg.), Towards a General Theory of Action, Cambridge/Mass. 1954, 388-433

Kluxen, W., Ethos, in: Kasper, W. (Hrsg.), Lexikon für Theologie und Kirche. Bd. 3, Freiburg/Br. ³1995, 939f

Krockow, Ch. G. v., Ethik und Demokratie, in: Voss, R. v. (Hrsg.), Ethik und Politik. Beiträge zur politischen Ethik in der Demokratie, Köln 1980, 9-60

Krockow, Ch. G. v., Ideologische Bedingtheit des Krieges, in: Krieg oder Frieden? Wie lösen wir in Zukunft die politischen Konflikte?, München 1970, 27-42

Küng, H. (Hrsg.), Ja zum Weltethos. Perspektiven für die Suche nach Orientierung, München 1995

Küng, H., Projekt Weltethos, München 1990

Küng, H., Weltethos für Weltpolitik und Weltwirtschaft, München 1997

Küng, H./Kuschel, K-J. (Hrsg.), Erklärung zum Weltethos. Die Deklaration des Parlaments der Weltreligionen, München 1993

Laufer, H., Die Widersprüche im freiheitlichen demokratischen System oder die Demokratie als eine coincidentia oppositorum, in: Reinisch, L. (Hrsg.), Freiheit und Gleichheit oder Die Quadratur des Kreises, München 1974, 15-26

Lehmann, K., Grundwerte, in: Staatslexikon, hrsg. v. d. Görres-Gesellschaft. Bd. 2, Freiburg/Br. ⁷1986, 1131-1137

Leschke, M., Das Greshamsche Gesetz in der Politik, in: Wirtschaftswissenschaftliches Studium 25 (1996) 194-196

Machiavelli, N., Der Fürst, Stuttgart ⁴1972

Mantl, W., Demokratie, in: Klose, A./Mantl, W./Zsifkovits, V. (Hrsg.), Katholisches Soziallexikon, Innsbruck ²1980, 398-422

Mantl, W., Repräsentation und Identität, Wien 1974

Messner, J., Das Gemeinwohl in unserer freiheitlich demokratischen Gesellschaft, in: Klecatsky, H.R. (Hrsg.), Die Republik Österreich, Wien 1968, 303-328

Messner, J., Das Gemeinwohl, Osnabrück ²1968

Messner, J., Das Naturrecht. Handbuch der Gesellschaftsethik, Staatsethik und Wirtschaftsethik, Berlin [7]1984

Messner, J., Du und der andere. Vom Sinn der menschlichen Gesellschaft, Köln 1969

Messner, J., Ethik und Gesellschaft. Aufsätze 1965-1974, Köln 1975

Messner, J., Kulturethik mit Grundlegung durch Prinzipienethik und Persönlichkeitsethik, Innsbruck [2]1954

Messner, J., Politik - Weltanschauung - Ideologie, in: Gesellschaft und Politik 5 (1969) H. 4, 25-28

Müller, H.-L., Eine Revolte gegen den Westen. Der Politologe Bassam Tibi sieht neue Konfliktpotentiale durch die Globalisierung, in: Salzburger Nachrichten, 15. November 1997, IX

Noelle-Neumann, E., Die Schweigespirale, München 1980

Pieper, A., Individualismus und Grundwerte, in: Zur Debatte. Themen der Katholischen Akademie in Bayern, München, Mai/Juni 1993, 23. Jg., Nr. 3, 6f

Popper, K.R., Die offene Gesellschaft und ihre Feinde. Bd. 1: Der Zauber Platons, Bern [3]1973

Rahner, K./Vorgrimler, H., Kleines Konzilskompendium, Freiburg/Br. [10]1975

Ratzinger, J., Kirche, Ökumene und Politik, Einsiedeln 1987

Rausch, H., Politische Kultur, in: Staatslexikon, hrsg. v. d. Görres-Gesellschaft. Bd. 4, Freiburg/Br. [7]1988, 462-466

Reinisch, L. (Hrsg.), Freiheit und Gleichheit oder Die Quadratur des Kreises, München 1974

Rohrmoser, G., Der Ernstfall. Die Krise unserer liberalen Republik, Berlin 1994

Roos, L., Demokratie als Lebensform, München 1969

Rousseau, J.-J., Der Gesellschaftsvertrag oder Die Grundsätze des Staatsrechts, Stuttgart 1974

Schmidt, H., Zeit, von den Pflichten zu sprechen, in: Die Zeit, Nr. 41, 3. Oktober 1997, 17f

Schmitt, C., Der Begriff des Politischen (Text von 1932 mit einem Vorwort und drei Corollarien), Berlin 1963

Schneider, H., Demokratieverständnis im Widerstreit, in: Wissenschaft und Weltbild 23 (1970) 81-99; 177-187

Sozialhirtenbrief der katholischen Bischöfe Österreichs, hrsg. v. Sekretariat der österreichischen Bischofskonferenz, Wien 1990

Starck, Ch., Widerstandsrecht, in: Staatslexikon, hrsg. v. d. Görres-Gesellschaft. Bd. 5, Freiburg/Br. ^{7}1989, 984-993

Stober, R., Grundgesetz der Bundesrepublik Deutschland und Nebengesetze. Textausgabe mit Anmerkungen und Verweisungen, Stuttgart 1978

Sutor, B., Politische Ethik. Gesamtdarstellung auf der Basis der Christlichen Gesellschaftslehre, Paderborn 1991

Texte zur katholischen Soziallehre, hrsg. v. Bundesverband der Katholischen Arbeitnehmer-Bewegung Deutschlands, Bornheim ^{8}1992 (Die Texte zur katholischen Soziallehre werden nach dieser Ausgabe zitiert)

Thomas de Aquino, Opera omnia, iussu Leonis XIII P.M. edita, Rom 1982 ff

Tibi, B., Krieg der Zivilisationen. Politik und Religion zwischen Vernunft und Fundamentalismus, Hamburg 1995

Unser Liederbuch. Lieder der Hitler-Jugend, hrsg. v. d. Reichsjugendführung, München ^{8}1942

Utz, A.F., Sozialethik. Bd. 1, Heidelberg ^{2}1964

Weber, M., Politik als Beruf, Berlin ^{4}1964

Weber, M., Wirtschaft und Gesellschaft. 1. Halbbd., Tübingen ^{5}1976

Zsifkovits, V., Oft ein knappes Gut. Dimensionen der Solidarität, in: Academia 35 (1984), H.1, 12-14

Zsifkovits, V., Politik ohne Moral?, Linz 1989

Zsifkovits, V., Subsidiaritätsprinzip, in: Klose, A./Mantl, W./Zsifkovits, V. (Hrsg.), Katholisches Soziallexikon, Innsbruck ^{2}1980, 2994-3000

Zsifkovits, V./Neuhold, L., <u>Moral</u> in der Politik, in: Khol, A./Stirnemann, A. (Hrsg.), Österreichisches Jahrbuch für Politik '81, München 1982, 241-259

Personen- und Sachregister

A

Abtreibung · 12; 50
Adorno · 47; 48; 99
Aggression · 22
Arbeit · 79
Aristoteles · 54
Arme · 78; 95
Arnold von Winkelried · 69
Asch · 68
Augustinus · 35; 99
Autorität · 71

B

Bardenhewer · 35; 99
Baumgartner · 39; 99
Becker · 45; 46; 99; 100
Berger · 50; 99
Bergpredigt · 84
Böckenförde · 33; 99
Bossle · 87; 99
Brennan · 87; 99
Briefs · 64; 65; 73; 76; 99; 100
Bruckmann · 63; 69; 100
Buchanan · 87; 99
Bürger · 60; 97

C

Chancengleichheit · 15; 36

Clubzwang · 61
Craxi · 7

D

Demokratie · 13; 32; 49; 54f; 59
Der fehlende Held · 69
Dexinger · 98; 100
Dialog · 30; 58
Dignitatis Humanae · 49
Dritte Welt ·17; 80

E

Egoismus · 44
Ehe · 11
Eigenbestimmung · 57
Eigeninteresse · 34; 65; 90
Emanzipation · 55; 80
Erziehung · 13; 14; 22
Ethik · 51; 90
Ethikunterricht 51
Ethos · 32; 33

F

Fairness · 15
Familie · 11; 22; 51; 74; 80
Familienrechtsreform · 12
Feindbilder · 91
Festinger · 68; 100
Findl · 65; 100
Frau · 80
Freiheit · 11; 15; 18; 29; 32; 37; 56; 90; 96
Fremdbestimmung · 57

Freund · 86; 100
Friede · 11; 77; 80; 83; 90; 91
Furger · 23; 100

G

Gablentz · 13; 100
Gabriel · 32
Gaudium et Spes · 10; 11; 49
Gehorsam · 41
Gehring · 48; 100
Geiger · 41; 44; 101
Gemeinschaft · 86
Gemeinwohl · 11; 34; 40; 59; 64; 65; 76; 80; 84
Gemeinwohlfalle · 35; 63
Gerechtigkeit · 11; 13; 18; 28; 35; 36; 41; 58; 77; 81; 83; 85; 90; 96
Geschwisterlichkeit · 91
Gesetz · 42; 50
Gewalt · 81; 84; 96
Gewaltenteilung · 61
Gewaltlosigkeit · 28; 31; 84; 90
Gewaltminimierung · 85
Gewaltspirale · 85
Gewissen · 41; 43; 60; 90; 95
Gleichheit · 19; 36; 37; 56
Globalisierung · 30
Glück · 14
Goethe · 86
Goldene Regel · 38; 47
Gott · 41; 76
Grenzmoral · 24; 73; 76
Greshamsches Gesetz · 87
Grundrechte · 20; 36
Grundwerte · 9-31; 56; 58
Grundwertekonsens · 73
Gutjahr-Löser · 101

H

Hamm · 27; 101
Heitger · 49; 50; 101
Hitler · 71; 82; 84; 104
Hollerbach · 36; 101
Hornung · 101
Humanität · 14; 22; 28; 52
Huntington · 30; 101

I

Ideologie · 44; 46; 52
II. Vatikanischen Konzil · 10
Institution, intermediäre · 50ff
Institutionen · 21; 26

J

Jesus Christus · 78; 89
Jochanan ben Nappacha · 98
Johannes XXIII. · 26; 59; 78

K

Kant · 37; 101
Kasper · 76; 101; 102
Khol · 105
Kirche ·22; 64
Kirchhoff · 38; 101
Klecatsky · 25; 102
Klose · 102; 104
Kluckhohn · 10; 101
Kluxen · 32; 102
Koch · 24
kognitive Dissonanz · 68
Kollektivverantwortung · 39

Kompromiß · 42; 85
Konflikt · 22
Kontrolle · 60; 61
Krockow · 46; 47; 57; 102
Kultur, politische · 64; 93
Küng · 30; 31; 102
Kuschel · 30; 31; 102

L

Laufer · 56; 102
Lehmann · 10; 20; 102
Leschke · 87; 88; 89; 102
Liebe · 11; 81; 83; 85; 90; 91; 96
Lincoln · 55
Loidl · 54
Loyalität · 71
Lüge · 94

M

Machiavelli · 92; 93; 102
Macht · 34; 51; 61; 81; 90; 96
Machtmißbrauch · 23; 24
Mandat, freies · 61
Mantl · 54; 59; 102; 104
Massenmedien · 24; 51; 62; 91
Mater et Magistra · 21
Materialismus · 95
Mehrheit · 36; 57; 91
Mehrparteiensystem · 61
Meinung, öffentliche · 69
Mensch · 76f
Menschenrechte · 25; 26; 36; 37; 59; 79
Menschenwürde · 10; 58; 77
Messner · 9; 13; 15; 24; 25; 35; 46; 84; 94; 101; 102; 103
Minderheitenschutz · 37; 58

Mitbestimmung · 72; 80
Mitläufereffekt · 68
Mitleidseffekt · 68
Mitsprache · 72
Mitverantwortung · 39; 72; 80
Moralismus · 82; 85
Müller · 30; 103

N

Nächstenliebe · 47; 97
Nagel · 100
Neuhold · 57; 59; 105
Niermann · 100
Noelle-Neumann · 66; 67; 68; 103
Nuscheler · 101

O

Octogesima Adveniens · 39; 40
Ökologie · 14
Ökonomismus · 95
Opposition · 61
Option für die Armen · 91
Ordnung · 34; 77

P

Pacem in Terris · 26; 27; 59
Parteien · 13; 23; 88
Partnerschaft · 28; 31
Paul VI. · 39
Person · 10
Personprinzip · 40; 78
Pflicht ·26f; 40
Pieper · 10; 11; 12; 15; 103

Pluralismus · 15; 16; 58
Politik · 13; 34; 76; 86; 90; 94
Popper · 38; 48; 103
Pornographie · 12
Prammer · 50
Profitstreben · 15

R

Rahner · 49; 103
Ratzinger · 85; 103
Rausch · 93; 96; 103
Recht · 13
Rechtsgehorsam · 41
Rechtsordnung · 38; 40
Rechtsstaat · 33; 62
Rechtswiderstand · 43
Regelkonsens · 16
Reich Gottes · 83; 84
Reinisch · 56; 102; 103
Religion · 53; 97
Religionsfreiheit · 49
Religionsgemeinschaft · 11; 49; 51
Religionsunterricht · 51f
Repräsentation · 59
Rohrmoser · 7; 103
Roos · 54; 103
Rousseau · 57; 74; 103

S

Scheler · 9
Schermann · 35; 99
Schmidt · 29; 103
Schmitt · 81; 104
Schneider · 55; 104
Schweigespirale · 66
Selbstverwirklichung · 65; 80

Sinn · 22; 76; 97
Sittlichkeit · 13; 23
Smith · 65
Solidarität · 11; 15; 17; 28; 31; 80
Sozialhirtenbrief · 11
Spannung, eschatologische · 83
Staat · 11; 23
Staatsräson · 84
Starck · 45; 104
Steurer · 32
Stirnemann · 105
Stober · 45; 104
Stufenimperative · 83
Subsidiarität · 11; 40; 72: 80
Sutor · 16; 104

T

Terrorismus · 14
Thomas von Aquin · 36; 97; 98
Tibi · 30; 103; 104
Tocqueville · 67
Toleranz · 11; 31; 45; 46; 49; 94
Tragödie der Allmende · 63
Tugend · 33; 36
Tyrannei eines Wertes · 57

U

Ungehorsam · 41
Utopie · 19; 82
Utz · 19; 104

V

Verantwortlichkeit · 29

Verantwortung · 24; 38; 40; 60; 95
Vertrauen · 43; 62
Vision · 82; 97
Volk · 60; 92; 97
Vorgrimler · 49; 103
Vorrang der Ethik · 79
Vorurteile · 48
Vranitzky · 82

W

Wachstumskrise · 14
Waffentechnik · 79
Wahrhaftigkeit · 28; 31; 94
Wahrheit · 11; 47; 48; 57; 58; 81; 91; 94
Weber · 81; 96; 104
Weiler · 32

Weltethos · 30f
Werte · 9; 33; 38; 93; 95
Wertekonsens · 16
Wertevielecke, magische · 19
Wertewandel · 9; 15; 16
Wertverwirklichung · 94
Weyman · 35; 99
Widerstand · 84
Widerstandsrecht · 44
Wissenschaft · 89
Wohlfahrt · 14
Wyclif · 55

Z

Zielimperative · 83
Zsifkovits · 7; 57; 59; 63; 72; 90; 102; 104; 105
Zukunft · 14; 96

Schriften des Instituts für Christliche Sozialwissenschaften der Westfälischen Wilhelms-Universität Münster

Begründet von Josef Kardinal Höffner†
Herausgegeben von Franz Furger†

Petro Müller
Die "Dritte Idee" Alfred Delps
Ethische Impulse zur Reform der Gesellschaft
Bd. 32, 1995, 208 S., 44,80 DM, br.,
ISBN 3-8258-2322-9

Albert-Peter Rethmann
Asyl und Migration
Ethik für eine neue Politik in Deutschland
Seit den 80er Jahren wird die Debatte um die bundesdeutsche Asyl- und Einwanderungspolitik zunehmend emotional geführt. Auf der Basis einer detaillierten Analyse des globalen Migrationspotentials und der Einwanderungssituation in der Bundesrepublik steckt die vorliegende Studie die Möglichkeiten politischen Handelns ab und zeigt Wege zu einer ethisch verantworteten Asyl- und Migrationspolitik auf. Der Autor weist im Dialog mit den Sozial- und Wirtschaftswissenschaften einen Weg zwischen Sozialromantik und orientierungslosem politischen Pragmatismus. Er bemüht sich um einen Brückenschlag zwischen Positionen, die im schematischen Denken von "rechts" und "links" verharren und dabei das Ziel einer praktikablen und ethisch verantworteten Politik verfehlen. Aus dem Blickwinkel christlicher Sozialethik werden der Ansatz kommunitaristischer Gesellschaftskritik und die Theorie sozialer Bewegungen ins Gespräch miteinander gebracht und auf die bundesdeutsche Asyl- und Migrationsdebatte bezogen.
Bd. 33, 1996, 432 S., 48,80 DM, br.,
ISBN 3-8258-2743-7

Gerhard Kruip
Kirche und Gesellschaft im Prozeß ethisch-historischer Selbstverständigung
Die mexikanische Kontroverse um die "Entdeckung Amerikas"
Gesellschaftliche Auseinandersetzungen um unterschiedliche Interpretationen der Geschichte sind nie nur ein Expertenstreit um historische Fakten, sondern weit mehr ein zivilgesellschaftlicher Prozeß ethisch-historischer Selbstverständigung, in dem es den Beteiligten um ihre Identität, ihre moralische Integrität und um die Anerkennung durch die anderen geht. Gerhard Kruip entwickelt in seiner sozialethischen Habilitationsschrift anhand der mexikanischen Kontroverse um die "Entdeckung Amerikas" (1492–1992) moralische Regeln für eine diskursive Aufarbeitung von Vergangenheit, begründet diese transzendentalpragmatisch aus den unhintergehbaren Voraussetzungen verständigungsorientierter Kommunikation und diskutiert die Frage, inwieweit Forderungen nach einer Buße für die Verbrechen der Vergangenheit oder nach deren Wiedergutmachung zugunsten der indigenen Völker heute moralisch gerechtfertigt sein können. Dabei zeigt sich, daß solche über rein präsentisch gedachte Gerechtigkeit hinausgehende "antezedentialistische" Forderungen nicht aus der Vorstellung diachroner kollektiver Identitäten, sondern "nur" aus der Notwendigkeit der am Diskurs Beteiligten begründet werden können, als moralisch integre Subjekte verständigungsorientierter Kommunikation die Anerkennung der anderen zu gewinnen.
Bd. 34, 1996, 432 S., 68,80 DM, br.,
ISBN 3-8258-2760-7

Karl-Wilhelm Merks
Gott und die Moral – theologische Ethik heute
Das moderne Ideal der Freiheit macht auch vor den Toren der katholischen Kirche nicht halt. Traditionelle Begründungsmuster ethischer Werte und Normen haben an Plausibilität eingebüßt, die herkömmlichen Übermittlungsinstanzen haben weitgehend ihre Bedeutung verloren. Wo ist ein Ausweg aus dieser Situation zu finden? Ein neues tragfähiges Fundament, neue Vermittlungsgestalten scheinen nur schwer zu finden zu sein. Die Lösung in demokratischen Verfahren zu suchen, scheint unmittelbar zur Auflösung von Ethik und Moral überhaupt zu führen. Allgemein verbindliche Moral und demokratische Lebensordnung zusammenzubringen, erscheint als die Quadratur des Kreises.
Die katholische Moraltheologie hat seit einer Reihe von Jahren die darin liegende Herausforderung angenommen. Bei ihren Versuchen, die christliche Moral neuzuformulieren, greift sie die für unsere Kultur zentralen Werte von Freiheit und Eigenverantwortung auf und versucht, den möglichen moralischen Gehalt demokratischen Denkens und Lebens zu entschlüsseln und zu aktivieren.
Themen, die zur Sprache kommen: Freiheit und Verantwortlichkeit; die eigene Verantwortung und das Hören auf Gottes Stimme; der Sinn von Tradition; Vernunft und Glauben in der Moral; Grenzerfahrungen von Schuld, Negativität und Bosheit; Inkulturation der christlichen Moral; die Bedeutung der aktuellen Moraldiskussion für das Verständnis von Offenbarung und Theologie insgesamt.
Bd. 35, 1998, 216 S., 39,80 DM, br.,
ISBN 3-8258-2597-3

LIT Verlag Münster–Hamburg–London
Bestellungen über: Dieckstr. 73 48145 Münster Tel.: 0251–23 50 91 Fax: 0251–23 19 72

Gotthard Fuchs; Andreas Lienkamp (Hrsg.)
Visionen des Konzils
30 Jahre Pastoralkonstitution "Die Kirche in der Welt von heute".
Mit Beiträgen von Thomas Gertler SJ, Gustavo Gutiérrez, Marianne Heimbach-Steins, Peter Hünermann, Nikolaus Klein SJ, Elmar Klinger, Andreas Lienkamp, Hans-Joachim Sander, Rolf Schumacher, David Seeber und Franz Weber
Zwei „konziliare Prozesse" verändern die christlichen Kirchen: der Prozeß für Gerechtigkeit, Frieden und Bewahrung der Schöpfung und der Konsultationsprozeß zur wirtschaftlichen und sozialen Lage in Deutschland, der mit dem Gemeinsamen Wort „Für eine Zukunft in Solidarität und Gerechtigkeit" einen Höhepunkt, nicht jedoch einen Abschluß gefunden hat.
Diese Prozesse schweben allerdings nicht im luftleeren Raum. Vielmehr haben sie ihre Wurzeln auch in *dem* weltkirchlichen Ereignis der jüngeren Kirchengeschichte: im Zweiten Vatikanischen Konzil. Wie aber soll man dessen Texte lesen, verstehen – und übersetzen?
Originellste Frucht des Konzils ist dessen zweite „Kirchenverfassung" *Gaudium et spes* (Freude und Hoffnung), die Pastoralkonstitution über die Kirche in der Welt von heute. Dieses Dokument, ohne Zweifel eines der folgenreichsten und umstrittensten, ist das Ergebnis eines Abenteuers: eines offenen und rückhaltlosen Dialogs der Kirche mit der Moderne.
Dreißig Jahre danach gilt es, diese Programmschrift für das nächste Jahrhundert neu zu entdecken – ihre Genese, ihren Text und ihren Kontext, ihre Wirkungsgeschichte in Europa und Lateinamerika, in Ost- und Westdeutschland.
Die These ist: *Gaudium et spes* steckt – in all ihrer Begrenztheit – voll uneingelöster Versprechen, voll kaum entdeckter Impulse und Visionen für das Christsein in der Welt von heute – und morgen.
Bd. 36, 1997, 232 S., 34,80 DM, br.,
ISBN 3-8258-2807-7

Valentin Zsifkovits
Die Kirche, eine Demokratie eigener Art?
Eine wesentliche Entwicklung in der heutigen Gesellschaft läuft auf Ausweitung der Mitbestimmung in den verschiedenen Lebensbereichen und deren Demokratisierung hinaus. Wenn die Kirche als Angelegenheit der in ihr versammelten Gläubigen betrachtet werden soll, so muß auch sie die subsidiären, demokratischen und rechtskirchlichen Elemente ausbauen. Möglichkeiten in Richtung Ausweitung dieser Elemente werden in der vorliegenden Arbeit aufgezeigt, ohne der Versuchung einer 1:1 Übertragung staatlich-demokratischer Elemente auf die Kirche zu erliegen.
Bd. 37, 1997, 144 S., 29,80 DM, br.,
ISBN 3-8258-3422-0

Franz Furger
Christliche Sozialethik in pluraler Gesellschaft
Posthum herausgegeben von Marianne Heimbach-Steins, Andreas Lienkamp und Joachim Wiemeyer

Als "Moraltheologie der gesellschaftlichen Belange" hat Franz Furger (1935–1997) die christliche Sozialethik bestimmt und entfaltet. Dieser Band enthält wegweisende Beiträge Furgers sowohl zu Grundlagenfragen und zum Selbstverständnis der christlichen Sozialethik als auch zu verschiedenen konkreten Themenbereichen des Faches: Politische Ethik, Bioethik und Ökologie. Der Herausforderung durch die plurale Gesellschaft entspricht ein dialogisches Verständnis des Faches, das die theologisch-ethischen Reflexionen in eine Vielzahl interdisziplinärer Bezüge stellt. Gerade in ihrer thematischen Vielfalt repräsentiert die Sammlung aktuelle Entwicklungen des Faches und gibt eine Fülle weiterführender Denkanstöße. Ergänzt durch ein Schriftenverzeichnis des Autors dokumentiert der Band exemplarisch die Bandbreite des sozialethischen Werkes von Franz Furger, der als Direktor des Instituts für Christliche Sozialwissenschaften in Münster von 1987 bis zu seinem frühen Tod 1997 die christliche Sozialethik in Deutschland entscheidend mitgeprägt hat. Die Herausgeberin und die Herausgeber des Bandes waren über lange Jahre die engsten Mitarbeiter von Franz Furger.
Bd. 38, 1998, 352 S., 39,80 DM, br.,
ISBN 3-8258-3527-8

Joachim Wiemeyer
Europäische Union und weltwirtschaftliche Gerechtigkeit
Die Perspektive der Christlichen Sozialethik
Bd. 39, 1998, 352 S., 59,80 DM, br.,
ISBN 3-8258-3574-x

LIT Verlag Münster – Hamburg – London
Bestellungen über: Dieckstr. 73 48145 Münster Tel.: 0251 – 23 50 91 Fax: 0251 – 23 19 72